骆嘉琪◎著

# 多类别旅客出行异质偏好下

# 高铁民航竞合博弈机理研究

Study on the Competing Game Mechanism of High Speed Rail and Civil Aviation Considering the Heterogeneity of Multi-Category Passenger Travel Preferences

人民交通出版社股份有限公司

北京

## 内 容 提 要

近年来,随着高铁快速发展,高铁民航间的竞争与合作也日趋激烈。分析高铁民航的竞合因素和竞合策略,对于降低高铁民航间内耗、提升高铁民航的服务水平和社会福利具有重大现实意义。本书基于多类别旅客出行异质偏好,采用问卷调查、评价决策、博弈论、仿真分析等方法,构建高铁民航间竞合博弈模型,对高铁民航竞合机理和策略进行深入研究,提出了游客、公务商务和返工返学三类旅客的短、中和长出行距离上的高铁民航竞合策略。

本书适合从事交通运输规划与管理的高层次管理、研究人员参考阅读,也可以作为关注综合交通运输发展的政府人员、研究人员、技术人员的参考书。

**图书在版编目(CIP)数据**

多类别旅客出行异质偏好下高铁民航竞合博弈机理研究 / 骆嘉琪著. — 北京 : 人民交通出版社股份有限公司, 2020.7

ISBN 978-7-114-16464-4

Ⅰ. ①多… Ⅱ. ①骆… Ⅲ. ①高速铁路—运营管理—研究—中国②民用航空—运营管理—研究—中国 Ⅳ. ①F532.3③F562.6

中国版本图书馆 CIP 数据核字(2020)第 059765 号

Duo Leibie Lüke Chuxing Yizhi Pianhao Xia Gaotie Minhang Jinghe Boyi Jili Yanjiu

书　　名:多类别旅客出行异质偏好下高铁民航竞合博弈机理研究
著 作 者:骆嘉琪
责任编辑:黄兴娜
责任校对:孙国靖　宋佳时
责任印制:刘高彤
出版发行:人民交通出版社股份有限公司
地　　址:(100011)北京市朝阳区安定门外外馆斜街 3 号
网　　址:http://www.chinasybook.com
销售电话:(010)64981400,59757915
总 经 销:北京交实文化发展有限公司
印　　刷:北京盛通印刷股份有限公司
开　　本:787×980　1/16
印　　张:7.5
字　　数:146 千
版　　次:2020 年 7 月　第 1 版
印　　次:2020 年 7 月　第 1 次印刷
书　　号:ISBN 978-7-114-16464-4
定　　价:30.00 元

# 前　　言

近年来,随着高铁的快速发展,高铁民航间的竞争与合作也日趋激烈。分析高铁民航的竞合因素和策略,对于降低高铁民航内耗、提升高铁民航服务水平和社会福利具有重大现实意义。围绕上述目的,本书基于多类别旅客出行异质偏好,采用问卷调查、评价决策、博弈论、仿真分析等方法,构建高铁民航间的竞合博弈模型,对高铁民航竞合机理和策略进行深入研究,提出了游客、公务商务和返工返学三类旅客的短、中和长出行距离上的高铁民航竞合策略。

本书的主要工作和结论如下:

(1)针对三类旅客类型,建立了包含6个准则层、30个指标的高铁民航竞合因素集合。通过考虑全年安全事故率、票价波动程度、区域人口总数等指标,从安全性、便捷性、经济性、舒适性、可靠性、外部因素等6个层面阐述影响旅客出行决策的因素;基于三类旅客视角出发,运用云模型测算每个指标的云模型与云权重,最终得出三类旅客视角下的整体民航与高铁行业的评价结果。实证结果表明:游客旅客较为重视旅途的便捷性和经济性,公务商务旅客更重视旅途的舒适性及可靠性,返工返学旅客比较重视经济性与安全性。从综合三类旅客云权重来看,基于返工返学旅客和游客旅客视角的云模型在准则层的得分上高铁多数准则层优于民航,只有在公务商务旅客视角下民航在安全性(0.823,0.111,0.018)、经济性(0.493,0.040,0.014)、舒适性(0.938,0.051,0.013)3个准则层得分优于高铁,公务商务旅客一般对出行成本不敏感,较为看重舒适性,所以在这3个准则层下高铁失去原有优势,但总体来说从三类旅客最终云模型可以看出高铁表现略胜于民航。

(2)基于三类旅客视角刻画高铁民航出行选择行为偏好。以刻画高铁民航旅客出行选择行为作为出发点,提出高铁民航旅客出行选择行为细化维度偏好函数,运用非线性回归方法构建了选择行为偏好特性检验分析模型,对高铁民航旅客出行选择行为偏好进行确定,着重针对不同旅客出行目的,对出行选择行为偏好特性进行了深入分析,提出了基于三类旅客视角的高铁民航出行选择行为细化偏好框架,更细化地对游客、公务商务和返工返学这三类群体的实惠、准时、舒适、便捷和安全五大维度偏好进行分析,借鉴效用理论测度每个类型旅客出行方式所带来的满意程度,逐一构建了旅客出行选择行为效用偏好方程,进一步延伸深化了现有关于高铁民航旅客出行行为选择偏好理论模型框架。实证结果表明:三类旅客对高铁民航虽然偏好各异,但是对安全偏好都一致重视。

游客非常重视实惠和便捷偏好，公务商务旅客则非常重视准时、舒适和便捷三个偏好，对于实惠则不是很敏感，返工返学旅客重视实惠偏好，但若选择民航出行，则对准时和便捷偏好也较重视。三类旅客对价格敏感，实际票价、预期价格与其实惠效用函数值成反比。在途时间和延误时间越长，给三类旅客带来的准时效用体验越差。在途时间越长，带来的不舒适感越差，导致其整体舒适体验效果越差，非在途时间成本会降低三类旅客便捷效用值。

(3)构建了考虑多类别旅客出行偏好的高铁民航竞合博弈模型。通过考虑实惠、准时、舒适、便捷和安全这五个因素构建旅客出行效用函数，通过效用函数最大化原则求解高铁民航的竞合博弈区间；通过古诺博弈理论构建基于价格视角下的高铁民航竞合关系模型；通过伯特兰德博弈理论构建基于距离视角的高铁民航竞合关系模型，探讨高铁与民航在不同策略下的竞合状态。实证结果表明：游客、公务商务和返工返学三类旅客视角下，高铁民航的主要竞争区间分别处在500～900公里、300～800公里、600～1100公里。游客和返工返学旅客对价格的敏感性更高，公务商务旅客对价格的敏感性较低。相较公务商务旅客的竞争区间，游客旅客视角下高铁民航进入竞争区间的距离较长；而相对于返工返学旅客，游客旅客视角下高铁民航进入竞争区间的距离较短。同时，三类旅客视角下虽然演化起点并不相同，但是最终的演化方向都是互相竞争，进入恶性竞争的循环。通过对高铁民航的博弈交付矩阵分析发现，其实双方如果都选择合作的话，合作的收益会大于选择竞争合作、合作竞争、竞争竞争的收益系数，说明可以让其从自由演化的恶性竞争循环，通过政策调节来转向到双方都能提高收益的良性竞争中。

(4)提出了多类别旅客出行异质偏好下的高铁民航竞合策略。考虑游客、公务商务和返工返学三类旅客，分别提出了高铁民航竞合博弈细化策略：一是高铁民航竞争策略。高铁主要包括价格策略、服务策略、位置策略，民航主要包括价格策略、服务策略、航线策略。二是高铁民航合作策略，包括空铁联运策略、信息共享策略。三是进一步总结三类旅客在不同距离上的竞合细化策略。深入结合三类旅客不同偏好特征需求，分析了游客、公务商务和返工返学三类旅客在短、中、长距离上的竞合细化策略，切实为指导高铁民航竞合博弈进入更高阶段提供决策参考。

感谢我的导师匡海波教授，一直在关心和支持我完成本书的编写出版，同时也感谢我的工作单位大连海事大学航运经济与管理学院、大连海事大学综合交通运输协同创新中心。

书中疏漏和问题在所难免，恳请读者不吝指正。我的联系方式是：

TEL:0411－84723120－303

E-mail:luojiaqi2019@dlmu.edu.cn

**骆嘉琪**

**大连海事大学综合交通运输协同创新中心**

**2020年春**

# 目　　录

# 第1章 绪　论

## 1.1 研究背景与意义

### 1.1.1 研究背景

高铁民航这两种快速交通工具给全世界人民带来了出行的便利,也逐渐成为一个国家现代化建设和繁荣稳定的重要标志。我国作为目前全世界快速交通网络发展的领军者,仍处于快速交通网络建设的高速发展期。高铁路网在全国范围内快速扩张,高铁运输的安全性、时效性、舒适性也不断提升。中国已建成全球最大的高铁网络,近年来不断向中西部拓展。据统计 2017 年底我国高铁运营里程已达 2.5 万 km,其速度、安全等属性优势持续吸引着越来越多的旅客,对人们的出行理念形成巨大冲击的同时为更多旅客构建了全新的出行空间[1]。我国《中长期铁路网规划》的出台更是推动高铁行业进入了全新的历史时期,在全国范围内掀起了空前热度,有助于改变和形成新的交通运输格局,进一步巩固了高铁在铁路旅客运输中主力军的地位[2]。夜间高铁的开行、城际列车的补充完善、高铁公交化的运行使得"快旅慢游"的生活成为常态。不论是因地制宜或是向二、三线城市倾斜、高铁线路网扩展建设,还是雪雾冰寒等不良天气情况下的安全运行,高铁为百姓出行提供了方便,用事实赢得了旅客的认可。

同时,随着世界民航业进入新的景气周期,我国航空运输业已成为全球最具活力和潜力的航空运输市场,保持着强劲的发展态势。2017 年,我国民航业完成运输总周转量 1083.08 亿 t · km、比 2016 年增长 12.6%,完成旅客周转量 9513.04 亿人 km、比 2016 年增长 13.5%。2013—2017 年期间的运输总周转量年均增长 12.2%;旅客周转量年均增长13.6%[3]。2017 年,全行业在册运输飞机平均日利用率为 9.49h,比 2016 年增加 0.08h。从这些数据可以看出,我国民航业仍处于快速发展的时期。

纵观全局,尽管高铁和民航业都得到快速发展,但高铁强劲的势头近年来对民航市场形成显著冲击,在某些领域中挤压民航市场的效应明显。高铁因其便利、快速和优惠等诸多效用优势,几乎以蛮横之势冲击了民航的市场。在中短程运输方面,高铁以高频次、低票价、准时、快速、便捷和舒适成为人们出行选择的主要方式,航空运输相对处于劣势。以东部沿海地区为例,高铁网络发达程度领先全国,但民航在此区域存在诸如空域限制等相关原因,票价居高不下,高铁具备的时间、成本双重优势吸引了民航一大部分客流,甚至出现了航空公司因为高铁的巨大冲击出现减少航班、停运等事件[4]。短期来看,高铁既有线路在实施跨线经营、整体提速、增加频次和延长运营时间等措施后加剧了对航空的分流。长远而言,尽管高铁将改变中国经济地理版图,但是在长距离出行上,仍难以替代民航业的优势。例如,与高铁相比,境外出行优选航空,这是民航与高铁错位发展的重要机遇,高铁与民航的竞合关系使空铁联运成为打造国际枢纽的有力支撑。从更高层面来看,高铁民航间不断竞合,双方会不断对自身短板进行调整。民航开辟新的航线,推进淡季打折等新的举措,在服务质量、正点率等方面都有很大的提升;高铁也将从优化出行线路、增加开行对数等方面进一步提升服务品质,让广大旅客从这样的竞争中得到实惠与便捷。

根据国务院《"十三五"现代综合交通运输体系发展规划》,我国交通运输网络覆盖率进一步提升,截至 2020 年,民航机场数量将增至 260 个,高速铁路路网将联动 113 个大城市[5]。可以判断,高铁民航业间未来一段时期仍旧处于高强度的竞合阶段,而对于两者如何竞合博弈,最终给广大旅客和社会带来更多出行便利保障和更大福利,是值得深入研究的一个突出实践难题。

### 1.1.2 问题提出

高铁、民航从运输产品角度来看具有高度的一致性,旅客根据自己出行的需要,面临在高铁民航之间进行比较和权衡的问题,两个运输系统之间的博弈迫切需要一个双赢的理想均衡状态,让广大旅客得到更大实惠和便捷的状态[6]。

从当前高铁民航竞合来看,我国高铁、民航仍处于竞争为主、合作为辅的初级阶段[7]。高铁民航在距离、价格、出行便捷和安全等多维度上展开了激烈的竞争。民航业对高铁抢占市场份额的现状采取多种强力竞争策略,但更多聚焦在单一的价格战上,这种竞争的态势利弊皆存,但显然无法达成理想中的双赢状态[8]。同时,随着中国国际地位的不断提升、经济发展速度稳步增长,出行旅客群体规模越来越大。不同旅客群体的服务需求也呈现出显著的差异化。同等距离的出行行程,不同群体的出行需求和偏好往往会导致不同交通方式的选择。不同类别的旅客群体对高铁民航竞合过程中产生的真实、较为特殊的诉求,目前尚没有得到较好的满足,也没有较好地体现在高铁民航间的竞合过程中。

可以预见,我国高铁与民航必将逐步由竞争走向合作。如何更好地方便学生流、探亲流、旅游流的集中出行需求,更好地满足广大旅客群体的不同需求,促进两个运输系统之间进行有效的竞争合作最终产生强大溢出效应,在当今和未来一段时期具有极为重要的研究意义与实践价值。从现有文献来看,国内外学者在进行关于高铁民航竞合研究时往往将研究对象具体于某一条或多条线路,或者将高铁作为市场新进入者进行客流预测分析,或者基于效用最大化确定旅客出行方式,又或者仅仅分析竞争态势,较少聚焦于旅客出行需求视角[9,10]。基于此，本书侧重从游客、公务商务和返工返学三类旅客出行视角出发，采用博弈论模型对高铁民航两个大运输系统之间的竞合关系进行分析，以期得出两个系统之间最佳的竞合状态和策略。利于国家及地方政府针对两种运输的方式的特点进行运输方式的科学组合，为广大旅客出行提供更好的出行体验。

### 1.1.3 研究意义

国内外的众多学者对高铁、民航的关系进行了广泛、深入的研究，在二者的竞争关系方面，研究已经比较成熟，但是关于高铁民航间的合作研究相对较少。本书基于多类别旅客出行视角，首先通过云模型对高铁民航间竞争因素进行识别和分析，其次通过问卷调查设计异质性旅客出行选择行为偏好函数，然后综合上述研究的结论构建多类别旅客出行视角的高铁民航间竞合博弈模型，最后对高铁民航竞合策略进行探讨。本研究的理论意义及实践意义如下：

(1)理论意义

①构建了基于三类旅客出行视角的高铁民航竞合因素集合。现有研究对于高铁与民航行业如何从自身的服务和产品质量中提升自身竞争力，适应不同类型旅客出行需求的研究还是比较欠缺，本书利用云模型对指标进行了定性－定量－定性的转换分析，从安全性、便捷性、经济性、可靠性、舒适性和客运市场外部环境因素六个方面梳理高铁民航竞合的出行影响因素，为两者的竞合发展模式提供理论依据。

②构建了三类旅客的高铁民航出行选择的行为偏好分析框架。本书以刻画高铁民航旅客出行选择行为作为出发点，再给出高铁民航旅客出行选择行为细化维度偏好函数，运用非线性回归方法构建了选择行为偏好特性检验分析模型，对高铁民航旅客出行选择行为偏好进行确定，着重针对不同旅客出行目的，对出行选择行为偏好特性进行深入分析，提出基于旅客视角的高铁民航出行选择行为偏好理论框架。

③构建三类旅客出行视角的高铁民航竞合博弈模型。通过考虑经济、快速、舒适、便捷和安全五个因素构建旅客出行效用函数，通过效用函数最大化原则求解高铁民航的竞合博弈区间；通过古诺博弈理论构建基于价格视角的高铁民航竞合关系模型；通过伯特兰德德博弈理论构建基于距离视角的高铁民航竞合关系模型，探讨高铁民航在不同策略下的竞合状态，以期找到两者之间实现共赢的科学策略。

(2)实践意义

通过研究高铁民航的竞合带来的影响，有助于改善高铁民航之间的竞争关系，从而达到双赢的局面，最终给广大旅客带来更多福利。本书的实践意义在于：

①为高铁民航在各自的运营领域中提升竞争力提供意见参考。本书从多类别旅客出行视角出发，探讨了旅客出行选择对民航业高铁产业竞合关系的影响，分析了两大产业竞合关系变化的微观实质，并为两者发展提供更具操作性的建议。本研究可以促使

民航积极应对来自高铁的竞争,不断提高自身的运输服务能力和服务水平,同时能够监督高铁不断完善自身的缺点,为细分化的旅客群体提供更优质产品和更高质的旅行体验。

②减少两种运输方式之间的消极竞争,根据细分旅客群体不同需求偏好,促进两者更加紧密的相互结合、协作发展,构建高速铁路与民航有机衔接并进行联合运输的综合运输体系起到了积极的作用。民航与高铁是我国交通运输部门的重要组成部分,也是综合交通运输体系建设中的主要环节。在综合运输体系建设的背景下,以往对单个运输方式的研究已不能满足时代发展的需要。相对于民航,高铁发展时间较短,在客运市场上仍属于新兴的出行方式,因此将高铁民航作为竞合关系主体进行的研究仍然较少,本书对两者竞合关系的研究丰富了相关理论体系,也满足了建设综合交通运输体系的实际需求,具有现实意义。

## 1.2 研究内容与研究方法

### 1.2.1 研究内容

从旅客视角深化高铁民航竞合博弈机理和策略,创造更高价值以及社会福利。为此,本书基于旅客视角对高铁民航竞合博弈及其策略进行深入研究:

(1)基于三类旅客出行视角的高铁民航竞合影响因素集合构建

当前高铁民航从服务和产品质量中提升自身竞争力,以适应不同类型旅客需求的研究还是比较欠缺,特别是针对不同出行需求的旅客,如何挖掘其影响的决定性因素是高铁民航未来竞争的发展方向。基于此,本书首先对高铁民航旅客出行影响因素集合进行分析评价。详细研究:①构建高铁民航竞争因素评价集合。从安全性、便捷性、经济性、可靠性、舒适性、客运市场外部环境因素六个方面总结梳理高铁民航出行影响因素及其指标集合;②建立高铁民航竞争因素评价模型。借助云模型构建评价框架,对游客、公务商务和返工返学三类型旅客出行方式影响因素权重进行科学测度;③通过专家对评价指标打分,进行实证分析得到影响因素的权重向量。

(2)基于三类旅客的高铁民航出行选择的行为偏好研究

以刻画高铁民航旅客出行选择行为作为出发点,再给出高铁民航旅客出行选择行为细化维度偏好函数,运用非线性回归方法构建选择行为偏好特性检验分析模型,对高铁民航旅客出行选择行为偏好进行确定,着重针对不同旅客出行目的,对出行选择行为偏好特性进行深入分析。详细研究:①探索提出基于旅客视角的出行行为偏好选择基本框架;②构建旅客出行行为偏好模型,从票价、速度、舒适性、安全性和便捷性五大维度构建游客、公务商务、返工返学三类旅客出行选择行为偏好方程,借助非线性回归方法建立旅客出行选择行为偏好分析模型;③借助对高铁民航旅客进行问卷调查,并揭示游客、公务商务、返工返学三类旅客的出行选择行为偏好。不同于“(1)基于多类别旅客出行视角的高铁民航竞合影响因素集合构建”研究内容,是专家基于整个高铁民航发展的判断得出的偏好,此处行为偏好主要是对旅客进行深入调查得出来的,能更好地描绘各类旅客的“偏好像”。

(3)基于三类旅客出行视角的高铁民航竞合博弈研究

鉴于现有研究多选取某一交通干线为例进行研究,导致所得结论具有特殊性,大多未能直观展现出高铁民航作为国内主要的两个运输大系统之间的博弈过程。同时,在对出行方式选择影响因素进行分析时,指标选取以及模型构建缺乏科学性,主观因素占比较多。基于此,本部分主要基于上述研究内容的基础上,借助博弈论对游客、公务商务、返工返学三类旅客的高铁民航竞合博弈进行专题研究。详细研究:①建立高铁民航竞合博弈模型。构建旅客出行效用函数,通过效用函数最大化原则求解高铁民航的竞合博弈区间;通过古诺博弈理论构建基于价格视角的高铁民航竞合关系模型;通过伯特兰德博弈理论构建基于距离视角的高铁民航竞合关系模型,探讨高铁与民航在不同策略下的竞合状态;②开展高铁民航竞合博弈仿真分析。对游客、公务商务、返工返学三类旅客进行仿真分析,计算得到高铁民航的博弈区间以及博弈矩阵,讨论竞合博弈结果。

(4)基于多类别旅客出行视角的高铁民航竞合博弈策略分析

高铁民航竞合博弈结果重在运用、指导实践。综合上面研究得出的旅客出行行为偏好、竞合博弈等结论,借助情景模拟等方法对高铁民航竞合策略进行专门分析,详细研究:①短距上的高铁民航竞合策略。此段距离上,高铁较明显占优。借助旅客偏好函数及分担率等优化函数,情景模拟游客、公务商务和返工返学三类旅客对价格、安全等关键变量的敏感性,提出短距上高铁提高三类旅客服务水平的策略。②中距上的高铁民航竞合策略。此段距离上,高铁民航竞争最为激烈。借助情景模拟法测度三类旅客对价格、准时等关键变量的敏感性,提出中距上高铁民航针对三类旅客的竞争策略。③长距上的高铁民航竞合策略。此段距离上,民航较明显占优。同样地,借助情景模拟法模拟三类旅客对价格、准时等关键参数的敏感度,提出中距上高铁民航三类旅客的竞争与合作策略,为深化我国高铁民航竞争合作提供决策参考。

### 1.2.2 研究方法

(1)文献研究法

首先,梳理对比现有高铁民航竞合的旅客出行影响因素、旅客出行方式选择、竞合博弈三个方面展开了系统总结。其次,在借鉴、推演、整合现有理论基础上,论证基于细分旅客视角的高铁民航竞合博弈的影响因素、出行偏好关键特征,构建竞合博弈机制和框架。

(2)定量分析法

借助概率统计、评价决策、博弈论、仿真分析等方法建立基于旅客视角的高铁民航竞合博弈分析模型。具体而言：在影响因素评价方面，建立基于云模型的评价模型，解决现有文献对高铁民航竞合的影响因素指标以及权重确定的主观性较强的弊端。在旅客出行偏好方面，在构建偏好效用函数的基础上，借助非线性回归方法构建选择行为偏好特性检验分析模型，有效解决文献从更低更细的维度，确定不同类型旅客“偏好像”的不足。在竞合博弈方面，通过古诺博弈理论构建基于价格视角的高铁民航竞合关系模型；通过伯特兰德博弈理论构建基于距离视角的高铁民航竞合关系模型，解决现有文献对不同旅客类型叠加细化偏好竞合博弈分析不足的弊端。

(3)实证研究法

采用问卷调查分别获取高铁民航专家以及旅客的实际数据进行实证。在得出游客、公务商务和返工返学三类旅客的高铁民航出行细化偏好权重的基础，利用情景模拟等方法，重点分析基于旅客视角的高铁民航竞合博弈策略。

### 1.2.3 拟解决关键问题

本书在系统回顾和总结现有高铁民航竞合理论和相关研究综述的基础上，重点解决以下问题：

①基于多类别旅客出行视角的高铁民航旅客出行影响因素评价分析框架的构建。构建高铁民航旅客出行影响因素评价体系，建立云模型的高铁民航旅客出行影响因素评价体系及模型，对游客、公务商务、返工返学三类旅客偏好权重进行优化确定。

②基于多类别旅客出行选择行为异质偏好框架的构建。探索提出高铁民航旅客出行选择行为测定思路，建立高铁民航旅客出行选择行为细化维度偏好函数，运用非线性回归方法构建选择行为偏好特性检验分析模型，对高铁民航旅客出行选择行为偏好进行确定。

③基于多类别旅客出行视角的高铁民航竞合博弈分析框架。采用古诺博弈理论构建基于价格视角的高铁民航竞合关系模型、伯特兰德博弈理论构建基于距离的高铁民航竞合关系模型，探讨高铁民航在不同情景下的竞合状态。

# 第2章　理论基础和文献综述

本章内容是对高铁民航竞合博弈理论基础和相关文献进行总结。从理论基础的角度来看,高铁民航间竞合研究主要应用的理论有出行选择理论和博弈论。围绕现有文献,本章从旅客出行方式选择、高铁民航竞合博弈、旅客出行影响因素三个方面展开了系统总结,之后归纳现有文献需要改进之处,进而引出本书的研究重点。

## 2.1　理论基础

基于旅客视角的高铁民航竞合关系研究是现代综合交通运输体系中重要的研究领域,涉及出行选择、博弈等基本理论。

### 2.1.1　出行方式选择理论

出行者行为理论是探究分析运输竞争的基础和根据,学者们探究分析旅客出行方式抉择所涵盖的理论主要包括效用最大化理论、行程时间价值理论、广义出行费用理论等。

(1)效用最大化理论

在经济学中,特别是微观经济学中是指消费者应怎样花费我的钱以最大化我的效用。效用最大化即消费者的一种自我抉择。需要指出的是,效用在消费者满足感最强之时达到最大。消费者对于各种消费品的抉择,在每种消费品的单位货币支付得到的边际效用实现相等的条件下,使得总效用最大,被称为效用最大化原则[11]。根据上述的效用最大化理论,得出基于旅客出行的效用最大化理论:就是旅客根据出行方式的特性以及自身的出行需求对出行方式做出的选择,其目的是满足旅客效用最大化。旅客在对运输方式进行抉择时,通常的抉择标准是实现出行的总体效用最大。需要指出的是,这里的旅客效用不是由商品组合对应的价格偏好所决定的,实际为外出工具时间成本、经济成本、舒服程度、安全等级和旅客偏好共同决定。利用效用来计算旅客所抉择外出运输方式的价值,那么旅客在高铁与民航两种运输方式中进行抉择的问题能够认定为一个具有多重属性的决策问题。

Huang(2002)[12]对不同价格水平下的出行效用进行研究,出行者异质性对出行行为的影响。谢如鹤、邱祝强和李庆云等(2006)[13]研究的旅客外出方式的效用函数,基于效用最大化理论,以广州和深圳两个城市为研究对象,得出虽然随着高铁的发展选择高铁出行的旅客数量迅速增长,但民航仍然能够通过制定合适的战略方案增加市场份额。张旭、栗维新和蔡权德(2011)[14]基于效用最大化理论,构建 Logit 模型研究旅客出行方式选择问题。罗朝晖、韦增欣和陈进来(2012)[15]基于效用最大化理论建立了考虑路径选择条件、方式抉择条件、讫点抉择条件和出行与否抉择条件的不同类型随机用户外出决策模型。陈星光、李卓君和朱振涛(2012)[16]依据个体用户效用最大化原则,利用 Logit 模式进行外出决策的设定下,构造出实现动态随机用户最佳均衡条件的变分不等式模型。Hetrakul 和 Cirillo(2014)[17]基于旅客在一周内和一天内的不同出行时间构建了类别群体的效用函数,研究铁路运输不同出行时间和提前订票时间的票价和座位分配的选择问题,在收益最大化目标下为铁路运输如何获得更多旅客选择提出建议。王文宪、陈钉钧和吕红霞等(2015)[18]根据随机效用最大化学说,让乘车方式和客运产品成为选择肢,效用变量则采用旅客主体、出行特性和列车服务特性的各种指标,构造出上层为乘车方式、下层为客运产品的 Nested Logit 模型。

(2)行程时间价值理论

时间作为一种特别的资源,它本身具有价值,它的价值表现在各种经济活动当中。人类的经济活动所耗费的资源不但包括物质资源,同时还有时间资源。在西方经济学价值理论学说中,耗费的时间如果使用在生产作业活动当中即可创造出商品价值,此为时间价值定义的本质。De Serpa[19]根据时间分配理论学说对时间的价值概念进行了探究,赋予了三种时间价值定义:一是作为资源的时间价值;二是作为商品的时间价值;三是节约时间价值,其为忙于某项活动所耗费的时间比希望时间而产生的时间价值小,与此同时,他也说明了行程时间价值是一种节约时间价值,此概念在交通运输领域被大众接受。

行程时间价值一般根据消费经济学理论,基于外出者的交通方式抉择特点,利用不同的时间、费用、收入等比较关系来进行衡量和标定。利用不同类型出行者的感知效果来计算它的时间价值。利用出行者感知效果进行时间价值解析时,想要综合思考每种因素对于出行者抉择结果的影响,需要建立起特定的行程时间价值函数。行程时间价值通过减少交通出行时间、增强行程时间利用功效从而实现经济效用,可以用相关于时间和工资的函数粗略表明[20]。

(3)广义出行费用理论

广义出行费用的定义是指企业由于生产经营活动和其他活动而产生的一切经济利益的总流出。对于决策者来说,广义费用是指某一决策者角度将影响决策者决策的各项不同因素,通过适当的方法换算综合在一起的总费用[26]。交通运输当中关于广义费用值的算法,通常包括加法原理和乘法原理。如果决定某一属性的各个因素之间相互独立,其各自所产生的影响仅仅有程度上的区别但却没有本质上的区别,还能够互相弥补,那么最好的方法是利用加法规则对每个因素的广义费用进行合算。假如决定某一因素属性的每个因素之间具有独立性,那么它们产生的影响仅有程度上的区别却没有本质上的区别,而只在每个因素都呈现较优状态时,它们所决定的属性才能够实现较优,如果其中某一个因素呈现较差的状态,就算其他因素均呈现较优的状态,整个属性也会呈现很差的状态,此时要利用乘法规则求解[26]。

本研究主要基于旅客出行的角度构造广义费用模型,此广义出行费用函数说明了旅客出行过程中需要承担的代价,表明对出行有各种影响因素的综合效用。此外,广义费用函数还被广泛应用于研究交通运输企业收益最大化和旅客广义费用最小化平衡下最优票价的制定问题。Nuzzolo、Crisalli 和 Gangemi(2000)[27]构建广义费用函数研究中长途铁路运输出行时间、价格等因素对旅客出行方式选择的影响。朱从坤、王洁和冯焕焕(2005)[28]总括了不同出行距离、不同收入水平的旅客对运输方式服务属性的综合评价,利用数学期望说明了旅客外出的广义成本,建立了不确定前提条件下运输通道当中不同运输方式旅客最佳和运输系统最佳客运量分担效率的计算模型。何宇强、毛保华和陈团生等(2006)[29]用广义费用函数构建模型对北京太原段内各类交通方式的竞争进行分析。史峰、邓连波和霍亮(2007)[30]把铁路乘客乘车影响因素换算成广义费用,同时针对不同收入的群体分别构造 MNL 乘车抉择模型。王正武、罗大庸和黄中祥等(2009)[31]考虑了路段广义出行费用定义参考点和值函数,构造多重目标路径抉择的累积前景理论模型,探究出行者的路径抉择特点问题。张力和贾俊芳(2010)[32]说明了乘客外出广义费用原理,调查了旅客外出意愿,对旅客出行的广义费用进行模糊评价,进而推测不同运输方式的客运分担率。豆甜甜、孙全欣和冯旭杰(2010)[33]选择快速性、经济性、舒适度和安全性指标建立广义的费用函数,探究远距离外出交通方式的客运分担率,得到结论,即乘客市内交通外出时间是影响方式抉择的关键因素。何素贞(2016)[34]基于出行经济成本、时间成本和舒适性成本,构造了城市居民广义外出费用模型,把广义外出费用函数用作效用函数,并改进了传统的 Logit 模型,分析出广义外出费用对居民外出行为的影响效果。

(4)其他理论

还有一些学者应用前景理论、可达性理论、顾客让渡价值等方法研究旅客出行方式选择问题。张扬、贾建民和黄庆(2007)[35]进行了实际调查,从而证明了城市交通中人们在非确定性环境下的出行行为切合前景理论。Schwanen 和 Fttema 等(2009)[36]证明了累积前景理论对于应对具有不确定性的交通网络中的出行行为非常有效。徐红利、周晶和徐薇(2011)[37]以累积前景理论为前提,综合了出行者的路径抉择决策和网络的随机性,构造了随机网络用户均衡的等价变分不等式模型。另外,有学者利用可达性理论,可达性,即采用一定的交通系统从某一提前确定的区位赶赴活动地点的方便程度,王琪(2015)[38]从可达性的角度出发,对高铁和民航的可达性的格局和它们的变化规律进行充分的探究,同时对它们之间的关系进行了探究。通过 Arcgis 软件绘制空间矢量图得出结论:现阶段东部地区的航空可达性的提高颇为显著等结论,并为高铁和民航如何获得更高市场份额提出建议。企业的产品和服务如果期望在市场上享有较高的竞争地位,那就必须给予顾客优于竞争者的顾客让渡价值,也就是顾客让渡价值上拥有优势。能够让顾客得到更大的“让渡价值”的方法之一是不断改进产品、服务、人员与形象,来增加产品或服务的总价值。尹彬(2012)[39]基于顾客让渡价值,对高铁出现后旅客总成本和总价值的交点进行分析,认为高铁民航应该实行“错位”营销策略,以优化交通布局。杨励雅和赵鹏军(2013)[40]参考了广义极值模型以及潜在类别模型,把出行费用、出行时间、停车费用和等待时间等作为方式抉择的效用变量,类属函数变量则选择个人收入、出行目的与出行距离,构造出一种区别潜在类型的配对巢式 Logit 模型,说明了备选方式之间的相关性和旅客的偏好区别。林彦(2018)[41]从民航与高铁旅客的出行体验中挖掘顾客感知价值要素,为民航应对高铁竞争,吸引更多旅客选择提出建议。

### 2.1.2 博弈论

博弈论(Game theory)是探究互相依赖、互相作用的决策主体的理性决策行为还有其决策的均衡效果,它基本的组成要素包括参与者、行为、信息、方法和收益。在这当中,信息的定义是博弈参与人的知识、参与人的理性、参与人的行为以及参与人的决策能力等因素。依据博弈的形式,博弈可以划分成合作博弈和非合作博弈两个博弈类型,对于非合作博弈来说,基于信息的掌握情况和博弈的过程,它能够划分成完全信息静态博弈、完全信息动态博弈、不完全信息静态博弈和不完全信息动态博弈四种。“博弈论”翻译来自英文“Game Theory”,因为博弈论探究的问题大部分为每个博弈方之间的方法对抗、竞争,或者应对某一局面的策略抉择,所以博弈论在我国也被叫做“对策论”。一个较为直白的定义是:博弈为许多个人、队组或其他组织,在一定的环境条件下,面对一定的规则,先后或者同时,一次或多次,从各自允许抉择的行动或方法中进行抉择并加以施行,各自得到相应效果的过程。参照该定义可得,构造一个博弈需要设立四个方面,一是博弈的参与人(Player);二是各博弈方各自可选择的全部策略(Strategies)或行为(Actions);三是进行博弈的次序(Orders);最后是博弈方的得益(Payoffs)。

企业开始逐渐意识到,自身作为一个经济组织,存在的合理条件是创造社会价值并满足社会需求。竞争,仅仅是企业生存和发展的一种策略,却不是它们的目标。尤其是当每个企业逐步成为相互依靠的事业共同体时,企业之间你死我活的残酷竞争关系必将被优势互补的合作关系所取代。正如诺维尔网络公司的创始人雷·努尔所阐述的:“必须同时开展竞争与合作”。高铁民航都是旅客出行的主要方式,所以在分旅客这个大蛋糕的时候,它们在运力重叠区间的竞争是必然的,但是它们想要都最大获利的话,合作也是必然的。张效和胡珍丽(2012)[42]认为过度竞争会导致产业的衰亡。Daniel、Germa 和 Xavier(2015)[43]通过对欧盟四个国家(即法国、德国、意大利和西班牙)的国内航线数据进行了实证分析。说明了虽然高铁民航确实是有直接竞争,但是枢纽机场受到的影响更少,与高铁呈互补之势。所以,高铁民航必然会走上竞合的道路。

近年来，博弈论在交通运输方式竞争研究方面得到了广泛应用。参与者、策略和收益等是博弈论的基本要素。博弈论是研究分析富有斗争性或竞争性的现象的数学原理方法，基于考虑博弈进程中参与人的推测行为和实际行为，确定每个参与人或者全局的优化方法。Schipper 和 Rietvld(2007)[44]通过构建两阶段博弈模型描述航空公司间的竞争关系，进而研究民航市场在不同需求条件下的运营状况，为实现旅客更愿意选择民航出行这一目标对航空公司提出建议。Adler、Pels 和 Nash(2010)[45]基于博弈论的角度，探究分析泛欧运输体系当中长途客运市场中每种交通方式之间的竞争关系。Hsu、Lee 和 Liao(2010)[46]建立循环坐标上升法，对双重定价机制作为票价制定策略构建的博弈模型进行求解，参照实例研究出了台湾高铁票价制定的优化方法。Yang 和 Zhang(2012)[47]应用博弈论理论，建立高铁民航竞争的霍特林模型，研究旅客异质性对其出行方式选择的影响。陈星光、周晶和朱振涛(2009)[48]对交通外出工具的博弈和演化进程建立了分析，构造出单总体出行方式演化博弈模型，利用演化博弈理论推导了外出工具抉择的演化稳定方法。张睿、栾维新和赵冰茹(2015)[49]利用一个双层规划模型说明高铁民航的客运市场。在上层问题中，高铁民航的决策变量为客票价格，建立起运营商之间的广义纳什均衡博弈模型，在下层问题种，确保乘客广义出行成本最小。Tiziana、Changmin 和 Valentina (2015)[50]建立了双寡头垄断模型，基于环境和社会福利研究分析了高铁与民航两者之间的竞争。

## 2.2　国内外相关工作研究进展

近年来，国内外关于高铁民航竞合博弈的相关研究已经获得了较为丰硕的成果。截至 2018 年底，Cnki、Wiley - Blackwell、Elsevier、Springer 和 Emerald 进行了文献的检索。其中，以“旅客出行方式选择影响因素”为主题对相关文献、研究文献进行了逐年检索，共获取相关文献 1000 余篇；以“高铁民航进行博弈”为主题对相关文献、研究文献进行了逐年检索，共获取相关文献 400 余篇；以“高铁对民航产生冲击”为主题对相关文献、研究文献进行了逐年检索，共获取相关文献 600 多篇；以“高铁民航合作方式”为主题对相关文献、研究文献进行了逐年检索，共获取相关文献 500 余篇。根据本研究主题和研究目标的需要，本章将围绕旅客出行影响因素、出行方式选择以及高铁民航竞合博弈三个方面进行文献回顾与脉络梳理，以作为后续章节研究和分析的基础。

### 2.2.1　旅客出行影响因素的研究现状

旅客在出行的途中，根据收入水平等自身条件，结合出行目的、目的地距离的远近，对各种交通工具出行方案进行选择，一般会考虑到速度、舒适度、出行成本等方面，最后选择出一套自己所能接受的方案。总的来说，旅客自身因素、旅客出行属性因素、交通工具属性因素三方面是影响出行选择的主要因素[51,52]。

(1)旅客自身因素

旅客是客运市场的消费主体,选择运输方式是为了使自身的效用达到最大。旅客自身因素中,影响旅客出行效用的因素是显变量和隐变量。显变量是指通过直接观察并测量的变量,如年龄、职业、收入情况等;隐变量指一些抽象且不确定的隐性因素,叶玉玲、韩明初和陈俊晶(2018)[53]提出了出行时对安全、方便、可靠、舒适等因素的心理偏好。旅客出行的本质是一种市场购买行为,差异在于旅客购买的是"位移",即一种生产与消费是一起发生的产品。旅客在出行前选择交通工具时,也相当于消费者,消费者在进行消费决策时,对不同的交通工具会有不同的感知,顾客自身的感知价值会影响顾客对于产品的选择[54]。

旅客的出行选择受旅客自身的条件影响,在影响旅客选择因素中,出行方式的票价和时间是较为直观的因素。张睿、马瑜和赵冰茹等(2016)[55]通过调查问卷对京沪区段旅客进行了收集并分析,发现民航旅客的人员构成简单,年龄、职业和出行目的分布更为集中;民航旅客的收入水平越高,越喜欢选择个人出行,其中选择民航出行成为女性旅客的首选,随着收入的增加、票价的升高,旅客对民航的偏好增大,反之,随着年龄的增大、同行人数的增多和程前时间的增加,旅客对民航的偏好降低。对旅客出行选择进行研究时,张航、赵鹏和乔珂等(2017)[56]将旅客出行时间作为主要影响因素,建立模型并结合问卷数据得出乘车时间的增长会降低旅客的效用。林彦(2018)[57]对高铁和民航旅客实施问卷调查并进行分析,从民航与高铁旅客的出行体验中挖掘顾客感知价值要素,获得高铁和民航顾客感知价值要素的相对重要性以及高铁和民航在顾客感知价值要素上的绩效差异。民航与高铁的竞争中,价格和时间是重要因素,服务和环境是民航的集中优势。

除了票价与时间这些主要影响旅客的因素之外,旅客群体对于出行选择的安全、舒适、便捷等要求也有心理偏好。例如,在出行过程中,对收入高的旅客而言,票价因素并不那么重要,而会追求较高的舒适度,对收入低的旅客而言,为了追求票价因素,可以牺牲一定的时间和舒适性。Klöckner 和 Friedrichsmeier(2011)[58]将旅客的心理因素与环境因素结合起来建立两层结构方程出行模式选择模型。这两种观点的结合可以进一步实证分析旅客如何受到情境因素的影响的相关结构,以及心理因素如何影响不同环境下旅客对于出行方式的感知。Tirachini、Hensher 和 Rose(2013)[59]对旅客对于公共交通的选择和偏好进行了调查和研究,对营运速度、等待时间、准时性、旅客福利、车内节约时间、路线以及车次频率、车辆大小和票价等因素进行了研究,发现出行方式的舒适性在一定程度上会影响旅客选择出行方式。Paulssen、Temme 和 Vij 等(2014)[60]考察了价值观对出行方式选择行为的影响,对 519 名德国通勤者进行调查,发现个体对不同选择属性的态度受个人价值观影响,进而影响出行模式的选择。Wen、Chen 和 Fu(2014)[61]通过建模来分析乘客服务感知,为提升航空公司的竞争能力去了解旅客对于出行方式的偏好,为航空公司和决策者提供了重要的行为和管理建议。Xia 和 Zhang(2016)[62]经过研究,发现高速铁路在短途到中途客运市场比航空运输更具竞争力,这主要归功于高铁具有更快的登机/出站时间,且高铁更准时、发车频率更高和更临近城市中心。旅行者可能在进行选择交通运输工具时具有不同的偏好,不过消费者最终的选择经常取决于他们的收入和票价,所以顾客更倾向于选择更便宜的出行方式。范春梅、李华强和贾建民(2016)[63]将高速列车乘客作为研究对象,运用体验管理理论,探讨了高速列车运行状况是否影响乘客体验、满意度和再乘意愿。这个研究的结果构造了乘客在高速列车上的体验与再次乘坐意愿的理论模型,扩展了高速列车领域中体验管理理论的应用以及高速列车乘客的体验,例如舒适感、感知速度、风险等的理解范畴,并且提供给铁路管理部门在怎样提升客户体验和持久赢得客户方面的参考建议。

(2)旅客出行属性因素

出行距离和出行目的是出行属性因素的两个主要方面。根据不同的出行距离和出行目的,旅客会选择不同的出行方式。

①出行距离。在旅客进行交通工具选择时,出行距离是一个十分重要的因素,出行距离较长的旅客更愿意选择民航,出行距离较短的旅客更愿意选择高铁。

姜博、初楠臣和修春亮等(2016)[64]综合评估和对比了高铁网络的实力,发现综合实力最强的是京广、京沪,沪昆、杭福深次之,再次之是沪汉蓉、哈大、青太,郑西、兰新可达实力最弱;产生 4 个高铁"国家服务中心"(上海、北京、广州、深圳),6 个"大区域服务中心"(天津、武汉、重庆等),形成了"多中心"高铁服务格局和日益复杂且庞大的高铁特质空间集群;高铁网络的建成使旅客在中长距离的出行有了更多选择,提高了高铁相对于民航的竞争能力。张旭、栗维新和蔡权德(2012)[14]将运输距离作为主变因子,将经济、时间、舒适、安全作为主要衡量指标,建模后,通过计算得出高铁民航主要竞争区间在 600～1400km 之间,其中 1000km 左右竞争最为激烈。南宇峰和杨省贵(2012)[65]从旅客出行成本的角度,经过分析和计算得出高铁与民航运输之间竞争的临界距离。丁金学、金凤君和王姣娥等(2013)[66]运用高铁和航空运输市场的分担模型,并综合考虑到经济、快速、舒适、便捷和安全等指标效益,计算在不同运输距离下高铁和航空的运输市场占有率情况,结果表明:在 500～900km 时,高铁和航空竞争博弈显著,而 692km 是高铁和航空运输市场的分界距离。Dobruszkes、Dehon 和 Givoni(2014)[67]对欧洲范围的线路进行分析,得出结论是:当高铁运行时间越长,航空服务的供给量(航班数和座位数)越大。然而,当高铁时间在 2～2.5h 范围内时(对应的旅行距离大约为 500km),这种影响的程度会出现急剧的变化。Albalate、Bel 和 Fageda(2015)[68]对欧洲大型航空公司以及高速铁路进行研究,发现 800～1000km 是高铁与民航之间竞争最激烈的距离。Wan、Ha 和 Yoshida 等(2016)[69]认为速度和距离是高铁对民航作用的重要影响因素。当时速达到 200km/h

时高铁对中程航线的影响更大,对长途航线而言,300km/h 的影响更大。

②出行目的。出行目的主要包括公务/商务、探亲、旅游、学习等。对于有着不同出行目的的旅客,表现出不同的运输需求,公务/商务出行大多属于公费出行,这类出行对票价敏感性较低,而对速度、舒适度等要求高。求学、探亲、旅游大多属于自费出行,对于票价的敏感性要比较高。

Ozbay(2008)[70]对旅行者进行调查,并建立模型对出发时间和出行目的这些主要因素进行评估,并带入新泽西州的实际调查数据进行实例验证。姚宪辉、刘金明和张洋等(2011)[71]以北京市的居民出行调查数据为基础研究了性别、职业、出行目的、出行费用等在出行方式选择方面的影响,发现出行方式的选择与职业与收入有着密切联系,收入较多的旅客更愿意选择舒适度更高的出行方式。Behrens 和 Pels(2012)[72]发现车辆/航班频率,总旅行时间以及高铁站和机场与旅客出发地的距离影响了英国旅客对于出行方式的选择。对商务和休闲旅客而言,这些影响因素的敏感性表现不同,其中,对于票价休闲乘客比商务乘客更敏感。此外在 2003—2009 年期间,英国旅客的偏好是相对恒定的,然而,在高铁网络建成后,航空公司的竞争能力相对变差。芮海田和吴群琪(2016)[73]通过统计得知公务出差时选择高铁出行的人数最多,旅游出行时选择民航出行的人数最多。且选择高铁出行的旅客最主要考虑因素为速度和方便性 2 项,所占比例接近 60%,而乘坐民航的旅客更主要考虑方便性、舒适及服务。Li 和 Sheng(2016)[74]对直航,高铁以及空铁联运进行研究,对位于中国北京—广州这一典型运输路线的四个典型城市对进行了调查,结合相关的调查数据,建立了模态分裂模型并利用该模型识别出那些影响旅客出行方式选择的关键因素,得出影响旅客选择不同模式的主要影响因素是距离、支出以及在途时间,并且发现在途时间对于商务旅客而言敏感性不高。

③交通工具属性因素。交通工具本身具备的属性是交通工具因素,这些属性可能是影响乘客选择不同交通方式的考虑因素,例如不同交通方式的票价、安全性、便捷性、准时性等以及接驳时间等。

许多学者将票价作为主要的高铁民航竞争因素,并进行了许多研究和讨论。Yang 和 Zhang(2012)[47]探讨了航空运输和高速铁路之间的竞争影响。认为票价是影响旅客选择的重要因素,他们认为航空公司的价格“歧视”商务休闲旅客,而高铁系统是“没有价格歧视”。最后,在将价格和时间频率作为决策变量的前提下,对我国高铁民航市场进行了数值研究。Socorro 和 Viecens(2013)[75]将票价作为主要的旅客考虑因素,并结合枢纽机场容量对旅客决策的影响,建立了线性理论模型,对高铁和航空的竞争、合作关系进行了分析,但只讨论了票价对旅客决策的影响,实际上,旅客的考虑因素更加复杂。胡荣和夏洪山(2013)[76]将价格作为航空公司的主要核心竞争力,而价格涉及航空公司的核心利益,构建了基于不同竞争战略与不同理性的航空公司动态价格竞争模型,运用模型合理分析了航空公司定价与竞争力的关系。Jiang 和 Zhang(2014)[77]认为高铁民航之间的竞争对于企业本身而言是定价的竞争，认为票价是较为灵活的影响旅客选择的因素。诸如旅行时间和频率等因素在航空公司与高速铁路的相互作用中也同样很重要。张婧、郭啸和陈维亚等(2015)[78]认为旅客选择出行时侧重于包含票价、旅行时间与程前程后时间等交通工具属性，并将其视为旅行负作用，在描述旅客的旅行负效用方面引入随机变量来表示不同乘客的个体差异。Fu、Lei 和 Wang 等(2015)[79]通过对于中国的廉价航空公司(LCC)进行研究，以春秋航空为例，研究得出高速铁路服务对廉价航空施加了更大的竞争压力，春秋航空本身需要将其票价得到优势保存并提升自身综合竞争力。

王景妍和张飞(2011)[80]探讨影响旅客出行方式选择的因素，将影响因素分为宏观因素和微观因素两个方面。宏观因素决定着出行方式的总结构，如社会经济发展水平、城市化水平、交通政策等；微观因素决定选择何种交通方式，如出行目的和出行时间。Zhang、Yang 和 Wang 等(2014)[81]利用勒纳指数对中国航空公司的市场力度进行了测度，然后对其影响因素进行了分析。实证结果表明，中国航空业存在一定程度的市场势力差异，并发现票价并不能完全左右旅客选择旅客出行方式，高速铁路和低成本航空公司的竞争因素还包括旅客本身收入水平、所在城市人口规模、季节性以及竞争公司的数量。票价只是其中的一个主要因素。

安全性是旅客在进行出行选择时的前提条件，保障旅客的安全是高铁民航企业最基本的责任。刘春济(2013)[82]以上海市市民作为主要研究对象探讨了旅客对于高铁安全性的信任危机下乘坐高铁的意向，并构建了一个包含经历熟悉调节作用的公众乘坐高铁旅行意向机理的概念模型，得出高铁运营时需要合理降低票价，并在降低票价的前提下保持高铁应有的速度、准点率、班次及其服务质量，提供安全的旅行体验，才能提高高铁的竞争力。Cui 和 Li(2015)[83]等提出了民航安全效率的概念，对 2008—2012 年间中国 10 家航空公司的安全效率进行了数据包络分析，通过截面回归模型确定了对航空公司安保人员和飞行员的培训是影响民航安全效率的重要因素。Lee、Yoo 和 Song(2016)[84]在出行时间、出行费用、出行频率的基础之上，添加安全和免税购物两个变量以反映韩国市场的特殊性。

旅客在出行时对于出行方式的频次、旅行时间等便捷性也有一定要求。Givoni 和 Dobruszkes(2013)[85]对高铁建设发展的预期可达性与实际发展情况进行了对比分析，并发现在出行方式间的竞争中，出行时间是主要因素，但单纯考虑交通工具(例如高铁或航空)的出行时间是不够的，同时也需要考虑目的地与高铁车站或机场之间的出行时间以及出行时间的质量(例如需要换乘次数)。高铁出行时间越长，高铁乘客对于时间的敏感性比航空旅客越弱，即其他因素影响旅客决策，这些因素在高铁出行时间小于 1h 或者大于 3.5h 时更显著。D' Alfonso、Jiang 和 Bracaglia(2015)[86]就高铁以及民航之间的竞争对社会福利和环境的影响进行分析，并提出由于高铁提速以减少旅行时间，增加其对旅客的吸引力以便于与民航竞争可能会增加温室气体的排放水平。因此可见，出行方式的运行时间是旅客考虑的一个主要因素。李晓伟、王炜和杨敏等(2017)[87]在系统分析现有旅客关于民航与高铁等出行方式的选择影响因素的基础上,全面科学地设计了从购票、到站、中转换乘、出行、离站等全过程旅客出行选择行为实验,通过问卷调查及建模分析得出影响高铁和民航竞争的显著性因素是运行时间、出行距离、出行费用、到站时间、准时性。Zhang、Yang 和 Wang(2017)[88]运用 2010 年 1 月 1 日至 2013 年 6 月 30 日的季度航线水平面板需求数据,分析了高速铁路对中国航空业的影响,发现在乘客选择高速铁路和航空运输时,机票和高铁票价之间的差价起着重要作用。研究发现,航空票价与高铁票价之差以及高铁日频率对航空运输需求有负向影响,而高铁行程时间对航空客运量有正向影响。然而,票价差异和高铁行程时间对航空旅客需求的影响相当强烈,而高铁频率的影响相当有限。这表明高铁运营商应该更多地关注旅行时间或旅行速度而不是服务频率。对服务水平而言,旅行时间比服务频率对于高铁旅客而言对民航需求影响更大。

旅客出行过程车站间的接驳亦是十分重要的影响因素,故不乏学者对该类问题的研究。滕靖、申博和费翔等(2013)[89]在分析了高铁出行对市内公交系统接驳服务需求、高铁车站所在新兴城市与原中心城区公交系统的互通需求后,基于我国部分城市新建高铁车站选址远离中心城区的客观情况,提出了一种接驳高铁车站的公交线路设计方法。Martín、Roman 和 García-Palomares 等(2014)[90]通过问卷调查得到飞机和高铁乘客对于接驳时间较为敏感,乘客更愿意选择接驳时间更短的方式,且旅行时间和频率也是较为显著的因素。Usami、Manabe 和 Kimura(2017)[91]通过对旅客的出行方式进行调查研究发现,站与站之间的连通性对于乘客选择出行方式是至关重要的。

准时性同样影响旅客选择,根据过往调查以及文献可以得知,高铁较民航而言延误率更低,Zanin、Herranz 和 Ladousse(2012)[92]分析了马德里—巴塞罗那之间的高铁与航空的潜在竞争。使用混合显示信息提供和陈述偏好数据库的选择模型,获得了以下结论,在一般情况下,旅行时节约的价值通常是通过较高的强制性和舒适度下降形成的。还发现乘客们更愿意为减少延迟时间选择高速列车而不是航空运输。罗谦、张永辉和程华等(2014)[93]针对机场集团内枢纽机场的航班延误问题,提出基于航空信息网络的航班延误预测模型。实验表明所提模型相比仅使用航班自身属性的模型,对航班延误时间的预测误差降低约 20%。汪瑜、孙宏和朱金福(2015)[94]发现了传统规划方法所形成的机队构成无法适应市场需求的波动,为了减少延迟率,满足旅客需求,提高民航竞争力,按照旅客需求的波动规律将航线上的时段进行分割形成时间区间进行机队规划。江红和任新惠(2018)[95]基于前景理论对旅客在面对不同航班延误情境下的不同选择进行研究,对北京—上海航线进行计算,得出不同延误情景下旅客不同选择行为的累积前景值,与问卷得出的旅客实际行为做出对比。得出高铁业的不断发展,导致航班延误时转乘高铁成为绝大多数旅客的首要选择,当延误大面积发生且延误时间在 6h 及以上甚至不确定时,70%以上的旅客会选择放弃航空改乘高铁,而绝大多数旅客的实际选择与累积前景理论得出的最优选择相符合,从而说明旅客在面临航班延误时的行为决策会受到个体风险偏好的影响。

### 2.2.2 旅客出行方式选择的研究现状

国内外学者对于旅客出行方式的研究一直十分关注,与此同时非集计模型中的离散选择模型是学者使用较多的研究方法,包括 Logit 模型及变式,如 Binary Logit 模型、多项 Logit 模型、混合 Logit 模型等。

(1)基于 SP/RP 方法的出行行为选择研究

在学者对于旅客出行方式的数据收集的研究上主要采取了两种不同的方法:一种是通过 SP 问卷调查的方法,另一种是基于 RP 统计数据进行研究。而在解决问题的具体实践上,两者也有不同的作用,RP 调查方法主要应用于实际行为数据调查并以此反应和诊断现存的交通问题,而 SP 方法的作用则主要是利用虚拟条件下的行为数据获取完成对于未来交通问题的预测。而从数据特点的方面对两者进行比对,其各自也有不同的优势,RP 数据具有可靠性而 SP 数据更便于操作。对于模型的标定方面,SP 数据和 RP 数据则能起到很好的互补作用。

Park 和 Ha(2006)[96]分析首尔—大邱这一路径内高铁与民航的竞争以及文献[84]均采用 SP 问卷形式;在对西班牙"马德里—巴塞罗那"运输通道内高速公路与航空运输的竞争关系中,Roman、Espino、Martin(2007)[97]主要使用了 RP/SP 混合调查方法。Paleti、Vovsha 和 Givon 等(2014)[98]为构建综合考虑出行方式和出发时间选择的模型,在耶路撒冷开展大规模家庭出行调查,结果表明 RP 和 SP 数据相结合为统计分析和模型估计提供了丰富的数据集,是构造和估计行为模型的有效方法,而将出行方式和出发时间综合考虑的联合模型比将两个选择行为独立看待或者按顺序估计更有优势。Behrens 和 Pels (2012)[99]对伦敦—巴黎这一路径中高铁与民航的竞争进行分析时采用的是国际旅客调查 IPS 的方法。

国内众多学者也将 SP/RP 调查应用于研究交通领域问题。干宏程(2008)[100]在研究出行决策行为选择问题路上采用了 SP 调查和离散选择的分析方法,同时建立了描述路径选择概率的二项 Probit 模型作为对于影响路径选择因素的变量分析。张旭、栾维新、赵冰茹等(2012)[101]在对武广线上的高铁与民航出行旅客进行 SP 调查后,通过利用 RP 数据对 SP 数据进行了修正,并在非集计理论的基础上建立了交通方式选择的 Binary Logit 模型。刘艺(2013)[102]在研究旅客出行方式的选择问题上采用了 SP 调查法对京沪通道出行旅客进行调查。张睿、马瑜和赵冰茹等(2016)[103]通过进行 SP 和 RP 调查收集数据并以此对京沪线的高铁与高铁民航与民航供需影响与均衡定价进行研究,对客流构成和旅客出行方式的选择行为进行特征分析,对旅客个人属性因素以及出行属性因素等对旅客出行选择的影响程度进行量化分析。此外，国内学者陈颖雪、董治和吴兵(2013)[104]还对上海市旅客对民航、高铁、普通列车、长途汽车、社会客车以及轮船的不同出行方式的选择行为进行了分析，并建立了MNL模型，所采用的方法主要是基于长三角城市群内的旅客出行方式的选择行为的抽样调查方法。

(2)基于Logit模型的出行行为选择研究

数据的预测分析一般结合SP/RP调查问卷，以非集计模型中的离散选择模型为主，应用最多的是Logit模型及其各类型变式，少数使用Probit模型，此外还有灰色预测模型、干扰分析、层次分析法等方法。Warner、Lerman等学者是非集计模型的最早研究者，但当时这个模型存在明显的缺陷。20世纪70年代计量经济学家McFadden所建立的随机效用模型的Logit模型正是将效用理论由经济学引用到交通方面所研究得出的。1975年学者Domencich提出了离散选择模型，但因为所采用的分布函数不同，这一模型分为Logit模型和Probit模型，因为其两者不同的特点故在不同情况下在实践中被广泛地使用。

近年来，专家学者们一直都在完善着Logit模型，试图通过模型的改进克服该模型的IIA局限；Prohit模型虽然没有这样的缺点和限制，但其依赖复杂的蒙特卡洛算法和克拉克逼近算法，因此也有相当的局限性。目前国外学者对Logit相关模型的应用较为成熟，如Watson(1973)[105]、Barreira和Reis(2013)[106]等采用Logit模型；Zhao、Hua和Zhang(2016)[107]采用多项式Logit模型。

国内众多学者也将Logit相关模型应用于研究旅客出行问题。冯焕焕和朱从坤(2007)[108]采用粗糙集理论代替层次分析求解效用函数，对Logit模型中效用函数的求解方法做了改进，增强了Logit模型的实用性，并结合两个OD对间的客运量分担率的预测实例证明了模型的有效性。杨忠振、王璐和蒋永雷(2008)[109]对哈尔滨—大连客运专线进行调查以及李欢、毛保华和何宇强等(2008)[110]对石太客运专线的调查，建立和完善了Logit客流分担模型；宗芳、隽志才和张慧勇等(2009)[111]以北京居民出行调查数据和非集计模型理论为基础，建立了交通方式选择NML模型。叶玉玲和王艺诗(2010)[112]根据所收集到的沪杭高铁客流构成以及旅客出行方式的特征分析，构建了不同月收入旅客的出行效用函数，并以此作用Logit模型建立了旅客出行方式的选择模型。蔡志文(2011)[113]通过所收集到的旅客调查问卷的数据，并利用Logit模型，对京沪高铁开通后旅客对于高铁和民航的选择问题进行了研究。诸葛承祥、邵春福和李霞等(2012)[114]所得出的结论：相比郊区通勤者，中心区的通勤者对出行时间的增加更为敏感，是通过分析通勤者出行时间与出行方式选择特征，建立出行时间—出行方式—出行时间两个方向Nested Logit模型所得出的。

(3)基于其他方法的出行行为选择研究

除Logit模型及其变式外，还有学者应用Probit模型、学灰色预测模型、干扰分析、层次分析法等方法。如Tringides、Ye和Pendyala(2004)[115]通过建立Probit模型分析出发时间选择和出行方式选择行为之间的单向因果关系。安实、李静和崔建勋(2009)[116]在对先进的交通信息系统提供的出行前信息下通勤者出行行为的研究过程中,采用了面向多智能体的建模与仿真方法。章连标和张正时(2011)[117]采用干扰分析方法对对武广高铁的客流进行预测分析。Clewlow、Sussman 和 Balakrishnan(2014)[118]对欧盟 35 个机场和 90 个机场对采用 OLS 普通最小二乘估计和随机效应模型进行回归;Castillo-Manzano、Pozo-Barajas 和 Trapero(2015)[119]利用动态线性回归模型研究了西班牙高铁民航的竞合关系。李晓伟、王炜和杨敏等(2015)[120]利用径向基神经网络方法分析影响飞机和高铁竞争的主要驱动力分析旅客个体出行需求。李雪岩、李雪梅和李学伟(2015)[121]在研究市场竞争条件下高铁与民航的票价优化问题上采用了以动态规则运算取代传统基于随机用户均衡思想的 Logit 分流模式。Jiang、Zhang 和 Lu 等(2017)[122]采用灰色预测模型对北京一沈阳线进行分析。Lijesen 和 Behrens(2017)[123]对伦敦—巴黎、伦敦—布鲁塞尔采用两阶段最小二乘回归进行实证;朱桃杏、任建新和张雪雁(2017)[124]在判断旅客出行决策特征和影响过程中选择了层次分析法。

此外,敏感性分析也常用于研究各影响因素与旅客出行方式选择概率之间的关系。贾新明和田澎(2009)[125]指出:现实中,无论从出行目的、收入水平,还是从个人偏好上来看,旅客的出行偏好都具有异质性特点。Adler(2001)[126]综合考虑旅客的出行费用与铁路运输部门的利益,利用灵敏度分析法研究旅客出行选择与票价制定问题。Huang(2000)[127]通过比较不同收费策略下的需求弹性,对异质出行者的行为选择问题进行了研究。De Palma 和 Lindesy[128]利用了考虑异质性的瓶颈模型和同质性的模型对出行者早高峰、晚高峰出行行为的影响进行了对比分析。Bhat(2007)[129]在通过对多伦多至蒙特利尔的城际通道出行选择行为的研究后得出了这样一条结论:女性相较于男性来说对火车发车频率的提升敏感性更高。高收入的旅客拥有更高的单位时间价值,意味着更偏好快速的交通出行方式。Hess、Daly 和 Rohr 等(2007)[130]在对出行时间和出行方式选择模型进行分析和研究时对旅客出行属性进行敏感性分析,认为相较于运输服务水平旅客在选择出发时间时更具有敏感性。Xu、Lou 和 Ym 等(2011)[131]根据参照点设定方法,建立不同出行方式出行稳定性系数 $\rho$,$\rho$ 值的意义主要是衡量服务的稳定性上,$\rho$ 值越高服务的稳定性越高,相应的旅客对于出行方式的评价也就越高,出行满意度也随之提升,相应的前景效应值也越高。

国内的许多学者都对有关出行方式的影响因素进行了敏感性分析。高自友和四兵峰(2002)[132]对于不同运输条件下价格因素对客流量的影响的分析,主要是利用了多模式均衡配流模型基础上的敏感性分析法和双层规划模型。林震和杨浩(2003)[133]认为由于不同出行者个体自身存在的差异性自己不同的偏好,出行者在交通信息的影响下会产生属于自己的判断,会选择可能更为合理的出行路线和时刻,与此同时这种现象在具有相似偏好的出行者身上表现尤为明显。因此不难得出交通信息可能会减少出行者之间的个体差异性的结论。杨励雅、邵春福和 Haghani(2012)[134]研究认为相对于出行方式，出发时间对出行效用变量(如出行费用)的改变更为敏感，在出行效用量改变时，出行者会将考虑改变出行时间放在优先位置，其次才是考虑改变出行方式。王孝之、赵胜川和闫祯祯(2012)[135]通过对武广通道上的政策性调整进行了6组敏感性分析，认为对于另一种交通方式的市场占有率具有较为明显的影响的因素主要有降价、提速、提供增值服务等。王弋波和王谦(2013)[136]研究旅客对价格和时间的敏感程度，为交通运输企业提出相关建议。王博彬、邵春福和孙铁轩等(2014)[137]则认为由于出行时间和距离的延长，出行者会更偏向于选择复杂链出行，同时信息需求度高但出行费用低的方式被选择的概率相对较大。芮海田和吴群琪(2016)[138]所做的敏感性分析正是为了分析各个影响因素与旅客出行方式选择行为之间的关系，根据分析结果得到各影响因素对出行方式选择影响的程度，其中目的地城市等级、年龄和最希望的出发时间的弹性值大于1，表明这是3个对出行方式选择行为影响敏感度较高的因素。李晓伟、王炜和杨敏等(2016)[139]结合敏感性分析研究旅客强制型和休闲型活动在出行方式选择上的差异。李晓伟、王炜和杨敏等(2017)[140]在分析现有旅客出行方式选择的影响因素的基础上，从购票、到站、转乘、出行、离站等环节以全面科学的视角和方式设计了旅客出行行为选择实验，并以此获取旅客中长距离出行时民航与高铁的 RP 数据并以高铁作为参考方式建立和选择模型，获取所需的影响因素的参数估计结果，进行敏感性分析。

(4)不同出行方式分担率研究

城市交通规划中的交通方式划分主要是通过分担率预测的研究实现的，各种运输产品的合理分担主要是依靠交通方式划分预测实现的。旅客运输产品分担率的意义是指每一种运输产品上的出行量占运输通道内的全部出行总量的比例，这个结果主要是根据旅客自身社会经济条件和出行性质选择的结果测得的。旅客运输产品分担率的预测作用主要体现在研究区域运输通道内客运结构的实质所在，引导通道内各种运输方式的合理分工布局及规划。在市场经济环境的作用下，旅客对运输产品的选择很大程度上决定了运输产品的分担。时效性和经济性是旅客出行对运输服务品质的两大最核心要求，而出行需求主体的时间价值又作为影响旅客两大核心要求的关键因素，本质上决定着旅客对运输产品的选择。

20 世纪 50 年代初期国外对交通方式运量分担比率的研究刚刚起步。集计的角度是早期学者研究交通方式划分的主要方法。最早的分担率模型之一便是美国最先发展起来的 PugetSound 分类预测模型。但由于该模型涉及的统计调查和分类工作的任务规模过于庞大，其并不适用于大、中城市的交通预测，也不适用于一些交通方式结果发生过很大调整的场合。计量经济学家 McFadden 所建立的随机效用模型 Logit 模型[141]正是将经济学的效用理论引用过来，并以概率论的相关知识为基础，从非集计角度对划分方式展开研究，推动模型进入实用阶段。Hensher(1997)[142]对原有铁路、包车运输、班线运输、航空和小汽车等运输方式的市场份额所带来的影响通过所建立模型进行预测通道内各种运输方式的分担率，而数据的提供则主要由悉尼—堪培拉通道的异方差极值模型所提供的。Ahern 和 Nigle(2008)[143]对旅客的选择行为进行的调查主要是通过运用叙述偏好和显示偏好实现的，并以此研究了爱尔兰旅客对城际铁路与公共汽车的选择偏好和意愿。Nested Logit 模型借助 Logit 模型的基础在交通领域得到迅速的发展，广泛应用于多个决策过程之间的阶层关系的选择。

对于以非集计理论为基础的 Logit 模型的改进是国内关于出行方式分担率研究的主要方面。例如文献[115]等在广深间旅客运输市场中不同运输方式的分担率则主要是通过改进的 Logit 模型实现的。文献[86]建立“出行方式与时间”和“出行时间与方式”两个方向的 Nested Logit 模型相较于建立出行方式与时间的选择模型在估计旅客运输市场中不同运输方式的需求分担率更具优势。袁长伟和吴群琪(2007)[144]通过将不同特性的变量引入效用函数，改进了 Logit 模型，并以成都重庆运输通道为例，对旅客运输方式的分担率进行了预测。贾鸿飞、龚勃和文宗芳(2007)[145]以公共汽车和小汽车的出行选择二项 Logit 模型为基础，分析了不同收费价格两种出行方式分担的比例。曾鹦、李军和朱晖所(2013)[146]建立的混合 Logit 模型以随机效用理论为基础，将选择路径方案特性变量和乘客个人社会经济属性特性变量纳入考虑。

(5)高铁民航旅客选择偏好研究

①在高铁民航比较方面。武斌(2010)[147]在关于旅客在高铁民航之间的出行选择上的博弈中研究得出，太原—北京运输通道内高铁与民航的竞争极为相似，主要集中于 36～55 岁的平均工资 4000 元以上的以公务商务出行的旅客之间。其中，民航更受高收入群体的青睐。钟牧原(2018)[148]根据旅客选择交通工具考虑的运行时间、出行成本和舒适度三个属性，以及其月收入与出行目的两个维度，问卷调查收集沪昆高铁客流数据，利用计算客流分担率的方法，分析了商务和旅游休闲两类客流的出行选择行为，提供了航空公司应对高铁市场竞争的战略依据。

②在高铁方面。强丽霞(2018)[149]利用 2016 年 3 月客票数据对旅客出行行为进行分析，构建了旅客出行选择效用函数和旅客出行选择模型，采用基于客票数据的高铁旅客出行回归分析方法，并将分析票价、旅行时间、发到时刻等多种因素引入其中，标定了部分典型 OD 的出行选择参数。Zheng、Liu 和 Clarke(2017)[150]探讨了多级票价在我国高速铁路中的应用，在分段定价策略的基础上建立了票价优化模型，区别于现有的单一不变的票价结构，并利用京沪高铁客票历史数据对近视和战略两类旅客到达规律进行了实验研究，得到了最优多级票价方案。Tumay、Gulcin 和 Hediye(2017)[151]对土耳其高铁旅客进行调查，获得了不同旅客出行目的城际模式选择，以及关于高铁服务属性(旅行时间、成本、安全性)旅客观点的数据，结果显示旅客选择高铁出行的市场份额显著增长，且主要是由商业或教育相关的出行构成。Sun、Jiang 和 Gu 等(2018)[152]利用支持向量回归

(SVR)与人工神经网络(ANN)两种非参数方法,预测高铁旅客对购票时间、列车类型及行程类别的选择,计算结果表明,SVR 和 ANN 均能较好地预测旅客对高铁列车选择行为,优于线性回归方法。

③民航方面。Chang(2013)[153]探讨了老年航空乘客对于机场地面通道是否表现出不同的模式选择行为,利用台湾调查数据研究显示老年航空乘客更喜欢让家人开车送去机场,而一般乘客更喜欢坐出租车;“安全”是进入方式选择中最重要的一项,“方便使用”和“方便存放行李”是老年人次要的一项。林友芳、王琨琨和周超等(2014)[154]提出了一种新型的建模方法:利用旅客的出行历史记录构建旅客出行社会网络、偏好模型,并结合民航旅客对航班座位的偏好向其推荐座位。贺怀清和李图波(2015)[155]通过采集旅客的个人信息、历史购买信息等,根据新式配算法提出对于资源分配的改进方法,实现对于旅客出行偏好模式的构建。Hagmann、Semeijn 和 Vellenga(2015)[156]调查了乘客对于不同航空公司的绿色形象的一般态度、这些航空公司之间感知到的生态友好性的差异,以及预订期间对航空公司选择的影响,研究结果表明,航空公司的绿色形象确实影响民航乘客在预订时的选择,乘客愿意为绿色形象支付额外费用。江红和周夕钰(2017)[157]通过分析天津机场出港旅客出行行为数据,建立了民航旅客出行行为特征影响因素相互影响的结构关系模型,并较深入分析了影响民航旅客行为特征的主要因素及其作用效应。

### 2.2.3 高铁民航竞合博弈研究现状

(1)高铁民航竞合原因研究

在高速客运体系中,高铁与民航以各自拥有的技术优势吸引旅客,分割运输市场份额。在运输市场竞争过程中,运输企业通过提高运输服务吸引客源,争取更多的客运收入,旅客作为消费者根据自身效用最大化选择高质量的运输方式出行。

双方竞合必定都有双方各自背后的理由,而其中最主要的就是高铁今年来不断扩大的势头冲击了民航的市场,使民航在市场上的分担减少。谢泗薪和张洁(2010)[158]主要从民航企业及其消费群体等方面详细分析了高铁带来的冲击和影响,从而展现我国高铁与民航的技术特点。高铁的强势可见一斑,有学者研究后发现高铁能够影响社会福利。Chen(2017)[159]利用新的综合建模框架,利用需求和供应两个方面,研究高铁(HSR)对中国国内航空运输的影响。研究结果表明,部署的高铁服务对中国国内航空运输具有显著的替代效应。

运输区域叠加使竞争的出现不可避免,但是双方能够产生竞争就说明双方各有优势,国内外许多学者从高铁与民航的软竞争原因展开了研究。刘献娜和安然(2015)[160]在经济性、快速性、舒适性、便捷性等多个方面对高铁民航进行研究,发现在旅客竞争之外还有其他的竞争因素存在。毕晓青(2018)[161]通过对沪昆高铁与民航的成本与程前程后时间对比分析发现，民航的票价比高铁要更难令人接受，并且高铁的程前时间与程后时间比民航更短。在区域重叠无法避免的情况下，高铁民航竞争方向主要体现在各自不同特性上。

有效竞争可以促进高铁民航发展，但是过度竞争不可取，竞争过激并不利于双方的发展。所以加快构建现代综合交通运输体系是未来我国交通运输发展的主要方向，也是交通运输发展的客观规律。作为推进综合运输体系建设的重要手段，空铁联运已经成为国内外交通运输主管部门十分重视的一种新兴的综合运输组织模式。漆春华和王一飞(2013)[162]通过对高铁兴起之后民航会出现的一些社会问题进行分析，说明了空铁联运的必要性。聂建波(2013)[163]通过对空铁联运模式进行分析，反映了我国实施空铁联运模式的可行性。张晓光、孙相军和崔姝(2015)[164]通过对铁路、航空、城市、旅客四个角度进行分析，说明了空铁联运的意义。

(2)高铁民航空间效用分析研究

高铁和民航相比普通铁路而言，都是旅行成本较高的交通出行工具。但在注重时间成本的大环境下，它们在经济发达、交往频繁、人口稠密的城市中都拥有更大的市场。本部分主要分析高铁民航按现有规划模拟未来其竞争范围及趋势的变化，以及空间市场范围。

高铁民航竞争主要是在重叠区间之内的竞争。王姣娥等(2013、2015)[165,166]通过基于 GIS 空间分析技术，研究高铁站点、机场通过公路交通在高铁、民航空间服务市场重叠情况和 1h、2h 内空间服务市场可达性的测度，以空间效应探讨和模拟了目前及“十二五”期间高铁与民航的空间服务市场的竞合关系。在研究中：发现未来高铁与民航市场的空间覆盖趋势趋同，叠合范围越来越大，高铁和机场的竞争市场呈点状分布，并向块状趋势发展。分析结果表示高铁和航空均能通过公路交通在 2h 范围内覆盖全国绝大部分的人口和 GDP，倾向于为经济和人口服务。在距离上，高铁与民航不同的优势市场由各自技术特点决定。在空间上，航空在西部地区具有竞争优势，而高铁的服务市场主要集中于东中部地区的经济走廊。国内 600 km 距离的出行范围内，民航与高铁存在着旅客群的大部分重合，这就不可避免地导致着争夺旅客的市场竞争。李春玲和何青梅(2011)[167]对高铁上座率和民航的客户流失率做了研究发现，高铁民航重合部分总是高铁上座率提高，而民航机场吞吐量下降。艾飞(2012)[168]借助城市空间引力模型，分析了美国减缓发展高铁的决策，首次得出了人口总数和人口密度是影响高铁发展的决定性因素之一的结论。王永亮和王春凤(2016)[169]通过对高铁民航重叠市场进行分析，研究了当前和未来高铁与航空运输之间的竞争空间效应。结果发现：从空间上看，民航在西部具有竞争优势，高铁在我国中部和东部经济走廊地区有竞争优势，随着高铁网络化的进一步深入，中东部地区、西部地区高铁网络分布密度、运行速度等出现较大差异，民航随之产生变化，各地区民航变化发展受影响程度大小有所侧重。

综上所述，随着高铁民航竞争市场的空间叠合范围的不断扩大，城市密集地区、经济走廊、大城市地区都已成为两者发展竞争的主要市场。

(3)高铁民航竞争关系研究

由于高铁近年来的快速发展给民航在短距离航段带来很大的冲击影响，国内外学者主要从旅客出行、竞争博弈和竞争影响这三个方面对高速民航的竞争进行研究。

①旅客出行方面。旅客出行方面即是双方市场分担情况，双方分担情况由自身特性决定。高铁民航各自在分担情况中双方各有优劣。彭峥和胡华清(2009)[170]等通过旅客出行效用函数对2008年航段数据分析为的基础上，分析在不同运距条件下两者的市场占有率情况，从而估计未来高铁对航空运输造成的市场影响。丁东阳(2009)[171]分别从这二者的服务、时间、票价三方面进行定量和定性的分析，得出结论：动车组的出现并不完全抢占民航市场，高铁和民航将相互补充、促进，共同发展。肖芸(2011)[172]认为航空的长处在于长途运输，而高速铁路更适合在中短途市场上发挥作用，通过空铁联运可以更好地将二者优势结合，相互促进共同发展。张浩和杨露露(2016)[173]通过民航与高铁运输在距离、票价和服务水平方面的定量和定性分析，得出高铁在准点率与短距运输中有竞争优势。高铁民航都有自己的优势与缺点，双方可以调整一些特性来提高自己的竞争程度。

②竞争博弈方面。在博弈论被广泛使用的现在，许多学者都开始将博弈论的思想应用在不同运输方式关系的讨论中。郭春江(2010)[174]以实际中旅客的出行调查数据为基础，从市场环境、运输供给和旅客需求三个影响因素出发，探讨了我国客运市场中客流的出行特征，文章最后采用管理博弈论的研究结果，在现实的基础上构建了高铁与民航的博弈模型，并进一步简化模型，以社会效益最大化为博弈目的。Danapour、Nickkar和Jeihani(2018)等[175]评估了规划中的伊朗德黑兰—伊斯法罕通道的高速铁路模式与当前航空运输的竞争。使用问卷收集机票价格、旅行时间、酒店和便利性的变量所需的数据，应用二项Logit模型预测高铁民航模式的选择概率。结果表明，旅行时间、票价、便利性和好客的变量会影响决策，然而旅行时间是决定每个模式份额的最重要变量，而乘客对该变量的敏感度比其他变量更敏感。此外，长途旅行、票价、缺乏食品服务以及高铁座位的高度安排使其效用与航空运输相比减少了。

③竞争影响方面。如何更好地适应竞争？如何使竞争的结果更向己方偏移？竞争的影响是什么？这些是各大公司和学者近年来研究较多的内容。竞争和合作都是公司为了自身收益而做出的决策，如何竞争以及竞争造成的影响都是社会关心的问题。章连标和张正时(2011)[176]通过分析武广高铁对武广航线的影响，对高铁与民航的发展进行辩证分析，结果发现对于高铁的冲击，民航不可能一直持续降价降运力等一系列降低收益的竞争状态。郭莉(2011)[177]发现高铁与民航虽然有竞争，更是互补共赢的共生关系。Frederic(2011)[178]比较欧洲航空运输供应与高铁供应的整体动态，发现一些航空公司减

少了座位数量的供应，但增加了航班数量，以便与高铁更有效地竞争。Wan、Ha 和 Yoshida 等(2016)[69]调查1994—2012年期间中国、日本和韩国，高速铁路服务对航空公司在受影响航线上的国内可用座位的影响，结果发现：与日本和韩国相比，高铁项目可能导致中国航空公司的座位容量显著下降，在中途航线方面，最高时速约200km/h的高速铁路服务会对其产生颇高的负面影响，但在长途航线上会产生更强烈的负面影响；最高时速300km/h的高速铁路服务对中途线路几乎没有额外影响，但对长途线路有很强的负面影响。同时，高速铁路在日本的短途和中途航空市场有强烈的负面影响，但在其长途市场几乎没有观察到影响。

④高铁民航合作关系研究。高铁与民航的协同发展可以分为两方面，一方面是二者以相互衔接的方式合作即空铁联运，另一方面可以在运输通道内进行资源整合，即二者相互重叠的可竞争区域的合作。近年的研究主要集中在空铁联运和合同协作这两方面。

a. 合同协作方面。许多学者从高铁民航各自优劣出发探讨双方协作可能的模式。Givoni 和 Banister(2006)[179]以英国航空运输政策为背景，考察了希思罗机场的这种整合模式，并评估了其优势和局限性。得出的结论是，一些铁路基础设施也是航空运输基础设施不可忽视的重要组成部分。康文生和黄伟宏(2011)[180]表示为实现“京沪空中快线”与高铁优势互补、民航华北局多次召集华北地区机场、空管和相关航空公司等单位，共同研究探讨如何提升运营品质的对策措施，深入分析不同设施场所的特点和优势，挖掘合作。鲁长安(2015)[181]通过对高铁率先发展国家的经验借鉴，为了实现优势互补、合作共赢的理念，钻研分析了高速铁路与民航的优势、劣势和技术特征，进而指出二者之间除了竞争之外还存在一定的合作协同效应。Jiang、D' Alfonso 和 Wan(2017)[182]就铁路运营商与国内和/或外国航空公司的不同合作模式进行了专题研究，得出了当两个合伙企业共存时，合作水平低于只有一个合伙企业存在时的合作水平的结论。Avenali、Bracaglia 和 D' Alfonso 等(2018)[183]研究了航空公司与高速铁路伙伴关系的战略形成(取决于沉没成本和企业的议价能力)及其对消费者剩余和社会福利的影响。在假设民航与高铁协议提供了一套国内高铁和国际航空的多式联运服务的背景下，仿真结果表明，在合作的情况下，相比民航购买国内高铁服务模式，高铁和民航创建合资企业运营模式能增加社会服务，除非 CP 协议的成本远远小于相关的沉没成本。Zhang、Graham 和 Wong(2018)[184]从路线交通和机场规划两方面定量分析了高速铁路对航空旅行需求的替代效应和互补效应。研究发现：机场的接入成本(反映从中心城市的距离)对空中交通有负面影响；高速铁路对1000km以下的短途和中途航线的替代效应最为突出；在民航－高铁一体化的背景下研究互补效应，高铁连接机场对主要枢纽机场布局具有显著的积极影响，而在二级枢纽和区域机场的收益则受限于地点和高铁服务频率。Takebayashi 和 Onishi(2018)[185]在构建供需互动双层模型及基础上，提出了当主航道机场因灾害而完全失灵时，利用高铁网络连接主机场和救援机场方法，对航道机场进行有效救援。同时假设在巨灾情况下，模拟主航道机场没有特别措施、但引导乘客转乘高铁的情景下，结果发现恢复足够客流的必要条件是高铁票价限制；向高铁乘客提供票价支持是利用救援通道恢复客流的有效途径，有助于建立一个稳健的空中运输网络。

b. 空铁联运方面。高铁民航竞争的根本原因是市场之争，如果双方有足够的市场，那么双方会在发展过程上有意想不到的机遇出现。空铁联运：一般指航空运输与铁路运输之间协作的一种联合运输方式，参与者包括民航机场、航空公司、铁路系统等。目前，开通空铁联运方式的有德国法兰克福机场、英国希思罗国际机场、中国天津滨海国际机场和上海虹桥国际机场等。秦灿灿和刘武君(2006)[186]借鉴德国法兰克福机场空铁联运的实践基础，以高速京沪磁浮线和高速铁路沪杭线的立项为背景，探讨了上海机场空铁联运的实施策略和运营机制，并提出了上海机场空磁、空铁联运的设想。李晓津、邢伟永和杨斌等(2016)[187]通过对民航与高铁运输服务定价机制进行数据量化，然后在旅客时间价值理论基础上将两段独立的高铁、民航运输服务结合起来即空铁联运，构建了完整的空铁联运产品定价模型，研究结果发现：随着人民物质水平的日益提高，旅客时间价值的波动幅度逐渐扩大，基于旅客时间价值的空铁联运定价体系可以提供更多选择，科学、丰富的定价体系更灵活地适应旅客需求。王永亮和王春风(2017)[188]针对我国民航和高速铁路构成的空铁联运业务，系统整理发展现状，深入探讨存在的主要问题，详细分析引起问题的主要原因，提出构建空铁联运组织、打造空铁联运平台、创新空铁联运产品、提升空铁联运品质、完善空铁联运法规等发展对策，以促进空铁联运的可持续发展。Javier和 Pablo(2017)[189]分析了西班牙的高铁与民航的多式联运问题，测算了 2005—2014 年期间高铁民航旅客运输成本，以及取决于收入、航空运输的一般成本和替代运输工具价格的民航出行需求函数，调查得出了高铁竞争加剧导致航空旅行的需求下降的结论。

# 第3章　基于旅客出行视角的高铁民航竞合因素分析

本章基于我国高铁和民航运输发展的现状，将影响旅客出行方式的因素分为三类：旅客属性的差异、交通方式的差异及区域外部环境的差异。基于此，本研究将旅客分为三类：游客、公务商务和返工返学。总体概括了影响旅客选择出行方式的交通方式特性，从安全性、便捷性、经济性、可靠性、舒适性、客运市场外部环境因素六个方面建立高铁民航评价指标集合，并利用云模型对指标进行了定性－定量－定性的转换分析，得出高铁民航在不同旅客视角下的竞争关系，为下文旅客出行选择行为偏好和高铁民航竞合博弈研究提供基础。

## 3.1　高铁民航竞合影响因素评价体系构建

### 3.1.1　旅客属性差异

随着城市化进程的不断加快和交通方式的不断改进。高铁时速已达200～400km/h，民航时速已达800～1000km/h，远距离出行已经不再是长时间出行。由于出行需求和目的不同，旅客对出行的要求也有所差异。基于此，本章从出行需求和目的出发，根据不同需求和目的条件下的旅客共性和特异性进行分类，如表3.1所示，以完成后续研究。

现有研究对于旅客的分类主要为以下几种：一是按照公费或自费进行分类，这类研究认为公费出行者对于舒适性及可靠性更为关注，而自费出行者则较重视于经济性。另一种则是根据出行性质将旅客需求分为生产性出行需求和消费性出行需求。此外，亦有通过出行目的如公务、商务和探亲等；出行距离即长途、短途等多种分类方式。

本研究综合考虑现有旅客分类方式，以旅客出行目的为首要因素，结合出行性质及费用来源，拟将旅客分为三类，游客旅客、公务商务和返工返学。对于游客而言，其各方需求相对较均衡，比起另两类旅客，更愿意在能够接受的范围内享受更好的服务且更便捷的出行方式。公务商务出行大多为公费出行，再少数自费出行的情况下，出行者对票价的关注度也较低，但是对可靠性关注度极强，即能否保证出行且按时到达，并且更加愿意花一定的费用享受更加便捷和舒适的增值服务。对于返工返学而言，其出行集中于春节及寒暑假等特殊固定时期，该类旅客对舒适性要求较低，更关注出行的时效性。

旅客类型及定义　　表3.1

Passenger type and definition table　　Tab. 3.1

| 旅客类型 | 所属类别 | 需求类别 | 定　义 | 特　点 |
| --- | --- | --- | --- | --- |
| 游客 | 第一类 | 生活性（或消费性）需求 | 旅客以旅游度假、探亲访友等为出行目，多为自费出行 | 较为看重运输方式的舒适程度及票价合理性 |
| 公务商务 | 第二类 | 生产性（或工作性）需求 | 旅客出行以商务为主要目的，离开自己的常住地到外地或外国进行商务活动及其他活动，多为公费出行 | 一般为刚性出行需求，对票价不敏感，对可靠性和速度要求高 |
| 返工返学 | 第三类 | 生产性（或工作性）需求 | 旅客以返工或返学为主要出行目的，基本为自费出行 | 出行集中于春节及寒暑假等特殊时期，对票价较为敏感 |

### 3.1.2　交通方式差异

根据消费者行为学理论，消费者行为是人们的一种有意识的主观活动，其目的是满足需求和欲望，具体动作行为包括寻找、选择、购买、使用、评价及处置产品和服务[190]。旅客出行选择是典型的消费行为，在此过程中消费者会综合考虑各种因素来选择自身满意度最高的出行方式。由于出发地与目的地之间存在多种运输方式，故需探讨对高铁民航两种出行方式偏好不同的旅客，以及高铁民航竞争的客流特点。交通方式差异的影响主要是指在旅客的一次出行中，可能对其出行方式选择产生影响的因素，从购票环节到抵达目的地这一行程中的各种影响因素，包括票价、准点率及出行时间等。以消费者行为学的相关原理为理论依据，结合高铁民航旅客的个性化特征，本章从安全性、便捷性、经济性、舒适性和可靠性5个方面进行分析。

（1）安全性

安全性是出行的前提，是各类运输产品一项最基本的要求。安全性是指旅客在出行过程中交通方式可以为出行主体提供的安全保护程度。交通工具的安全性保障程度是影响交通方式选择的首要因素，其包含人身安全及财产安全两大方面[191]。尽管随着现代交通的不断发展，高铁和航空的安全性能越来越高，相比于旅客的庞大基数，其事故发生率均普遍减低，然而两者仍存在一定差异。

本章拟从保障措施及安全现状两个方面入手，通过全年事故发生率、财产丢失事故率、保障措施实施力度、安全教育普及程度及全年班次安全检查力度五个指标衡量交通方式的安全性。其中，全年事故发生率及财产丢失事故率均为全年事故发生量与年运行次数的比值，直观反映了某一交通方式现行的安全系数；保障措施实施力度则从交通工具配比的应急设施情况等方面反映了运营商的危机意识以及对危险的防范意识，如民航登机后的安全教育视频及飞行前的各项安全检查和提示等则反映了这一交通方式的安全教育普及程度；而全年班次安全检查力度则是企业在日常的安全运作过程中具体的安全检查和排危过程，通过交通工具保养和维修提高其在运行过程中的安全系数。

(2)便捷性

当旅客产生出行需求，出行时间推移过程中的效益增量以及旅行中消耗的非生产性时间构成了这种货币表现[192]。便捷性主要包括旅客搭乘不同交通工具的便利程度及其出行速度、时耗，是旅客对交通方式和交通线路服务水平的双重要求。便捷性在相当的程度上影响着出行的快速性，是时间价值理论的直接体现。

首先，旅客对于出行便捷性的要求随着经济发展、生活节奏加快正变得越来越高。该因素对乘客选择出行方式具有较大影响，旅客乘坐飞机或者高铁程前程后的接驳费用以及便利程度会是旅客在考虑安全性之余首先考虑到的，因为机场、高铁站所在地一般会设在城市边缘，因此大多旅客行程起点到终点的过程与实际的乘坐过程有较大出入，这时两种出行方式更方便搭乘或者更贴合出行计划路线的一种就具有更大的优势。其次，换乘对多数旅客而言难以接受，尤其是携带行包较多的旅客，而且换乘还会造成很多不确定性，物品丢失、孩童走散等等，因此换乘次数少的交通方式会受到旅客青睐。与此同时，启程前等候时间、每日发班次数和随程物品限制等因素也会在一定程度上影响旅客出行方式的决策。

(3)经济性

根据不同旅客群体为目标细分市场，研究不同细分市场中旅客的出行行为并加以预测，以实现总收益最大化[193]。旅客运输服务的本质是商品，一次出行行就是旅客进行的一次消费行为。经济性对旅客选择出行方式具有直接影响，不同收入水平的旅客会倾向于适合自身经济能力中较满意的交通运输工具。大部分旅客会对每次出行有自己的预算，主要考虑行程中主要交通工具的平均票价，这一部分费用往往占据出行预算的绝大部分；其次是连接主要交通运输工具的程前程后接驳费用，此部分费用一般占出行总体成本的小部分，但亦不可忽视；最后则是综合评价出行成本的参考因素，包含：提前订票时票价的波动程度、不同旅客所能享受的票价优惠程度，以及应对突发情况的退改签成本等。这些因素亦是旅客出行前的考虑因素，对于提前订票的旅客而言，在启程之前面对的不确定因素很多，因此退改签的情况时常发生。退改签手续办理是否快捷、便利，损失的费用比例大小均是乘客所顾虑的因素。

(4)舒适性

产品理论认为,产品能够引起人们注意、获得、使用和消费,同时满足消费者某种需要[194]。从营销学角度上,高铁民航提供的产品主要是服务,而舒适性是服务的重要表现形式。舒适性是现代客运服务所追求的主要服务特性之一,也是旅客在自身基本交通可达性需求得以满足后,对交通运输服务更高层次的要求。舒适性是指交通工具在运行时,旅客受到各种设备设施作用后生理上和心理上的舒适程度,是旅客对交通方式品质的综合评价。随着经济和科技的快速发展,满足人们出行所需的交通方式选择越来越多,收入水平的提升也促使其更有能力和条件去挑选更满意的出行工具。因此舒适性便是现代人出行所考虑的又一主要因素了。交通方式的舒适性主要包含硬件设施和随程服务两大方面。其中,硬件设施主要是指座椅的舒适程度、在交通工具上行动的灵活程度、交通工具上的拥挤程度、交通工具的卫生状况以及旅客乘坐交通工具所受到的噪声影响程度等诸多因素。高铁的基础设施相比普通列车的服务设施有了大幅改善,在与飞机客舱设施相比也具有一定优势,而且飞机上更繁杂的安全保障机制导致也对旅客的旅程造成较大程度的束缚。

(5)可靠性

可靠性是影响旅客交通方式选择的又一要素,其表现形式主要为"保障出发",即是否能保证旅客顺利购票及按时出发。一般的恶劣天气不会干扰高铁的日常运行,出行准点率较高;相比之下,恶劣天气、流量管制、航班调配等诸多因素均对飞机的出行造成较大影响,日常运行的可靠性较高铁相对较低[66]。唯独恶劣天气影响后的恢复效率上,航空运输较占优势。对于可靠性指标方面最具代表性的为准时性,即反映为准点率。尤其是对于需要转乘或者有严格日程安排的旅客,如商务旅客而言,是否能保证准时准点是其最为关心的要素之一[190]。另一方面考虑到我国节假日尤其是春运时庞大的交通压力及雷雨等恶劣自然天气情况,本书设立"受节假日客流高峰影响程度"及"受自然条件影响程度"两项指标反映交通方式可靠性。此外,由于超售情况的存在将在一定程度上造成旅客的出行损失,因此是否存在超售情况也应作为可靠性指标之一。

### 3.1.3 区域外部环境差异

客运市场的外部环境包括区域经济发展水平、居民消费水平、消费结构、人口数量和城市化水平等,是综合性因素,居民平均收入水平是代表性的体现。在经济水平上升满足了人们的生活和安全需求之后,才开始追求社交、精神层面的满足,造成探亲、休假、旅游、访友等需求的增长,相应的,交通消费需求也发生了量和质的双重变化。旅客出行需求直接受其收入水平以及区域经济水平影响。具体而言,外部经济环境因素通过政策影响程度、经济发展水平、居民消费水平及区域人口总数四个方面对客运需求产生影响。其中经济发展水平在一定程度上决定了城市智能交通发展速度,而良好便捷的交通格局能大大地刺激旅客的出行需求。可以这么说,一般而言,经济发展水平越高,旅客出行频次越高,即区域内市场规模越大。同样的,居民消费水平则在很大程度上决定了旅客出行频次、出行目的及出行距离。高消费水平的居民更愿意乘坐民航进行远距离旅行,而低消费水平居民则会因票价等因素舍弃出行计划或做出其他选择。再者区域人口总数不仅影响区域市场需求规模,还将对便捷性中的程前程后接驳的便利造成负面效应。此外,外部环境还包括国家政策的影响,由于政府职能的转变,政府不直接干预运输市场,而是实施间接的宏观管理与调控,这个因素虽然不会明显改变短期客流,但能够影响远期客流结构的变化。

### 3.1.4 影响因素评价体系构建

本章以现有文献为基础,在研究高铁及民航差异的基础上,建立了包含6个准则层、30个指标的影响因素评价体系,如表3.2所示。

高铁民航竞合影响因素评价指标体系 表3.2

**Evaluation Index system of High Speed Railway Civil Aviation Competition** Tab.3.2

| 准则层 | 要素指标 | 指标类型 |
|---|---|---|
| $X_1$安全性 | $X_{1.1}$全年安全事故发生率 | 定量 |
| | $X_{1.2}$保障措施实施力度 | 定性 |
| | $X_{1.3}$安全教育普及程度 | 定性 |
| | $X_{1.4}$全年班次安全检查力度 | 定性 |
| | $X_{1.5}$财产丢失事故率 | 定量 |
| $X_2$便捷性 | $X_{2.1}$换乘次数 | 定量 |
| | $X_{2.2}$程前程后接驳是否便利 | 定性 |
| | $X_{2.3}$启程前平均等候时间 | 定量 |
| | $X_{2.4}$日平均发班次数 | 定性 |
| | $X_{2.5}$随程物品限制情况 | 定性 |
| | $X_{2.6}$等里程实际平均乘坐时间 | 定量 |
| $X_3$经济性 | $X_{3.1}$票价波动程度 | 定性 |
| | $X_{3.2}$程前程后接驳费用 | 定性 |
| | $X_{3.3}$平均票价/里程比 | 定量 |
| | $X_{3.4}$票价优惠覆盖力度 | 定性 |
| | $X_{3.5}$退改签成本 | 定性 |
| | $X_{3.6}$其他费用占票价比例 | 定量 |

续上表

| 准则层 | 要素指标 | 指标类型 |
| --- | --- | --- |
| $X_4$舒适性 | $X_{4.1}$娱乐办公需求满足程度 | 定性 |
| | $X_{4.2}$乘坐噪声 | 定性 |
| | $X_{4.3}$服务频次 | 定性 |
| | $X_{4.4}$随程餐饮覆盖率 | 定性 |
| | $X_{4.5}$舱内拥挤程度 | 定性 |
| $X_5$可靠性 | $X_{5.1}$受节假日客流高峰影响程度 | 定性 |
| | $X_{5.2}$准点率 | 定性 |
| | $X_{5.3}$受自然条件影响程度 | 定性 |
| | $X_{5.4}$是否存在超售情况 | 定性 |
| $X_6$宏观环境 | $X_{6.1}$政策影响程度 | 定性 |
| | $X_{6.2}$经济发展水平 | 定量 |
| | $X_{6.3}$居民消费水平 | 定量 |
| | $X_{6.4}$区域人口总数 | 定量 |

## 3.2 基于云模型的高铁民航竞合评价模型建立

本研究将云模型引入到高铁民航竞争评价模型中。李德毅院士通过利用概率论和模糊数学两种理论进行交互作为建立云模型的基础,再通过特定的结构算法建立起一种定性概念及其定量表示之间的转换模型,即为云模型。云模型不仅可以对自然语言中的概念的不确定性进行反映,也可以对随机性与模糊性之间的联系进行反映,形成定性与定量之间的映射关系[195]。竞争不能完全通过定量的数据表示,有限的定量数据只能反映竞争的一些表象,而真正决定竞争双方的因素多为概念性的因素,高铁民航之间的竞争亦如此,由此云模型是衡量二者之间竞争因素较为适用的模型,正向云发生器将根据旅客从自身出行的角度对高铁民航的评价转换为定量表示,而逆向云发生器则是定量数值到定性概念的映射,用概念的方法把握量的不确定性,这比数学表达将更真实、更深入。同时云模型理论的发展是随着其在各个领域的应用而不断完善的,随着学者们认识的加深和不断探索,云模型的实用性和适用性将不断加强。

### 3.2.1 云模型适用性分析

云模型是在用自然语言值表示的某个定性概念与其定量表示之间进行不确定性转换的数学模型,它能很好地处理不确定性概念的模糊性和随机性,构成定性和定量间的相互映射。

一般进行评价时，通常可以利用两种方法，定性分析方法和定量分析方法，然而这两种方法并不适用于对高铁民航进行评价，因为定性分析方法主观随意性较强，在进行高铁民航影响因素的探究时，三种类型旅客对于影响其选择高铁民航的因素的感受是主观的，很难用定性方法来表达，而定量分析方法过度依赖于数据，缺乏对定性概念的考虑，且很难将对于高铁民航的评价定量的表现出来，即使是定性与定量相结合的评价方法，也仅仅是定性方法与定量方法的结合使用，难以实现高铁民航评价过程中，定性概念与定量数值之间的相互转化。

对于获取的评价的高铁民航的各个影响因素和现实情况，不同专家认为的评价等级可能不同。旅客对于高铁民航的评价本身是定性概念，评价标准的设计存在一定的模糊性和随机性，而单纯的定性分析、定量分析和二者相结合的方法不能解决这种模糊性和随机性问题。

采用云模型可以解决上述问题，可以兼顾随机性和模糊性，有效解决复杂、模糊的系统问题。更能有效实现定性与定量之间的转化，使评价过程更具说服力，评价结果更接近人的预期。采用云模型评价方法还可以有效降低评价过程中专家的主观感受，通过对评价语言的模糊处理，便于对具有随机性和模糊性特点的指标进行定量化，从而提高了定性评价的精准性，更符合实际。

### 3.2.2　基于云模型的高铁民航竞合评价模型

(1)确定因素集与评语集

因素集是要素指标集，首先需要将最终评价对象进行分解，形成几项具有代表性的基本准则，记为 $U = \{U_1, U_2, \cdots, U_n\}$，再将每项指标 $U_i$ 划分为若干个要素指标，记为 $U_i = \{U_{i1}, U_{i2}, \cdots, U_{im}\}(i=1,2,\cdots,n)$，即为因素集。评语集是确定基本准则各属性的评语组成的集合，记为 $V = \{V_1, V_2, \cdots, V_n\}$。

(2)确定指标云权重

确定指标云权重需要以下具体步骤：①德尔菲法打分。通过多位专家，对各指标相对上一层指标的重要程度利用表3.1的评价等级进行打分，再将各指标得分利用逆向云发生器按照式(3.1)～式(3.3)进行计算，即可计算出各个指标的云权重。②修正打分结果。打分结果需要进一步的修正以提高评价结果的准确性与可靠性，要通过“收集→反馈→修正”的循环过程进行修正。修正时，先将打分结果转化成云模型的数字特征($E_x$，$E_n$，$H_e$)，再按照正向云发生器，利用MATLAB编程生成云图。当云图的云滴凝聚程度较高且已趋于稳定时停止修正。本研究评语集采用五级标度法，用基于黄金分割的模型驱动法设定评语集的云标尺，打分过程中所参照的云标尺见表3.3。③权重归一化处理。将同一层指标的权重按下式进行归一化处理。

$$W_{ij} = \frac{w_{ij}}{\sum_{j=1}^{n} w_{ij}} \tag{3.1}$$

**指标评价等级表** 表 3.3

**Indicator rating table** Tab. 3.3

| 权重等级 | 不重要 | 一般重要 | 较为重要 | 重要 | 十分重要 |
|---|---|---|---|---|---|
| 赋值范围 | [0,0.2) | [0.2,0.4) | [0.4,0.6) | [0.6,0.8) | [0.8,1] |

(3) 确定指标云模型

将要素指标的高铁及民航各项水平分为 5 个等级，如表 3.4 所示，再通过多位熟悉交通方式以及实际情况的专家给出的各指标水平的最大评价值和最小评价值，利用逆向云发生器最后计算得出最大值云模型和最小值云模型。由于综合云的概念具有一般性所以综合对应同一要素指标的最大、最小云模型更能反映该要素指标的实际情况。由若干要素指标构成的基本准则可以被看成同类指标在概念上的提升，因此基本准则云模型也要由要素指标实际云模型综合得到。考虑到不同要素指标的云权重 $W_{ij}$ 不同，基本准则云模型为

$$C_i = \sum_{j=1}^{m} (C_{ij} \cdot W_{ij}) \tag{3.2}$$

**指标评价等级对应的云标尺** 表 3.4

**Cloud scale corresponding to index evaluation grade** Tab. 3.4

| 评 价 等 级 | 云 模 型 |
|---|---|
| 十分重要 | (1,0.103,0.013) |
| 重要 | (0.691,0.064,0.008) |
| 比较重要 | (0.500,0.039,0.005) |
| 一般重要 | (0.309,0.064,0.008) |
| 不重要 | (0,0.103,0.013) |

(4)确定最终云模型

已知基本准则云权重 $W_i$ 及其云模型 $C_i$，则评价对象的最终云模型

$$C = \sum_{j=1}^{n} (C_i \cdot W_i) \tag{3.3}$$

(5)比较分析评价结果

在运用云模型进行综合评价时，可将基本准则及高铁民航的各项水平分 5 个评价等级，如表 3.5 所示，将基本准则云模型 $C_i$ 及评价对象的最终云模型 $C$ 与表 3.6 中各评价等级对应的云模型进行比较，与其最接近的云模型所对应的定性评语即为评价结果。

**高铁民航竞争评价标准** 表 3.5

**Evaluation standard for competition of high-speed railway civil aviation** Tab. 3.5

| 评价等级 | 低或体验很差 | 较低或体验较差 | 一般或体验一般 | 较大或体验较好 | 很大或体验很好 |
|---|---|---|---|---|---|
| 赋值范围 | [0,0.2) | [0.2,0.4) | [0.4,0.6) | [0.6,0.8) | [0.8,1] |

评价结果等级对应的云标尺 表3.6

**Cloud scale corresponding to the grade of evaluation results** Tab. 3.6

| 评价等级 | 云模型 |
|---|---|
| 非常高 | (1,0.103,0.013) |
| 比较高 | (0.691,0.064,0.008) |
| 中等 | (0.500,0.039,0.005) |
| 较低 | (0.309,0.064,0.008) |
| 低 | (0,0.103,0.013) |

## 3.3 实证分析

高铁民航近年来已成为中国交通运输中比较重要的两种运输方式,二者均以较快的速度、较短的乘坐时间吸引越来越多的乘客选择以其作为交通工具。但二者又有不同之处,从而为旅客提供了可选择的空间。影响高铁民航的不仅仅是两者自身的因素,旅客类型带来的需求差异同样至关重要,如前文所述,公务商务旅客相对其余两者更关注于行程的舒适性,而对经济性要求不高。相反的,返工返学旅客则愿意以长时间等待换取更为低廉的票价。因此在进行高铁民航竞争评价时,必须将不同类型旅客予以区分,才能借此保证实证结果的科学性。基于此,在实证部分,本书将对游客、公务商务和返工返学三类旅客分别进行云模型操作,并就各个结果进行针对性分析。以游客视角下云模型操作为例,本书拟通过相关指标对高铁及民航竞争能力进行实证研究,从而为旅客和其他利益相关者提供参考依据。

### 3.3.1 竞合因素云权重的确定

本研究的主要目的是通过对不同类型旅客的出行需求分析,挖掘不同群体的旅客偏好及特征,确定高铁民航未来竞争的发展方向的决定性影响因素,为高铁和民航部门可以针对不同的客户类型制定更具针对性的个性化发展策略。一套科学合理的指标打分体系是竞争影响因素评估的关键,是评估影响因素重要程度的依据,如果指标打分缺乏专业性,就无法对高铁民航的竞争影响因素做出客观公正的评估。

本研究在通过云模型进行实证前,需要对各个准则层和指标层的数值和权重进行打分。为了保证打分数据的合理性和全面性,本研究基于政府监管、高校学者、企业专家、第三方平台以及不同类型旅客等多个视角发放高铁民航竞合影响因素的打分表(详见附录1),保证打分结果可以覆盖政府、企业、高校和群众等各个层面,体现打分过程的全面性和完整性。政府层面,邀请了交通运输部运输服务司专家1名、科技司专家1名;高校层面,邀请了国内重点高校的学者6名;交通运输企业层面,邀请了中国铁路沈阳局集团有限公司研究员 2 名、中国南方航空大连分公司工作人员 3 名、大连周水子机场工作人员 2 名、大连北站工作人员 2 名；第三方平台层面，邀请了国内知名航班出行服务 APP 非常准和航旅纵横的工程师各 1 名；旅客层面，随机邀请 6 名旅客。

为增加专家数据的可信度及有效性，本书进行了相应的信效度检验。对任何量表进行采纳与分析都首先需要进行信度与效度检验，检验结果代表了量表各评价指标获取的数据的精确度和正确度。通过 Cronbach 系数及折半信度进行信度两个值对各分量表的内部一致性进行检验，通常情况下 Cronbach $\alpha$ 系数介于 0.7 ~ 0.9 之间，若系数在 0.35 以下信度被拒绝，若系数在 0.5 或 0.6 以上为信度可接受[28]。

效度检验是指通过对量表的评价指标进行测量，可以获取指标测量结果的有效程度，测量结果的准确性越高，测量的有效程度就越高。本章收集 25 位专家打分结果，通过因子分析法对打分效度进行测量，如表 3.7 所示。主要通过 SPSS 软件的 Bartlett 球形检验和 KMO 抽样适当性数量检验工具执行，根据因子分析法的特性判断数据是否使用因子分析法：①当 KMO < 0.5 时，拒绝；②当 KMO > 0.6 时，接受；③当 KMO > 0.8 时，适合用；④当 Bartlett 球形检验的显著性概率趋近 0 时，接受。用 SPSS 软件对数据进行分析，若得到各因子载荷数值载荷均在 70% 之上，说明量表的效度较好。

**信度和效度分析结果** 表 3.7

**Reliability and validity analysis results** Tab. 3.7

| 准则层 | 指标数量 | Cronbachα | KMO 数量 | Bartlett 检验概率 | 因子载荷 |
|---|---|---|---|---|---|
| 安全性 | 5 | 0.8745 | 0.8053 | 0.0000 | 0.799 – 0.812 |
| 便捷性 | 6 | 0.8313 | 0.8367 | 0.0000 | 0.708 – 0.713 |
| 经济性 | 6 | 0.8789 | 0.8966 | 0.0000 | 0.792 – 0.815 |
| 舒适性 | 5 | 0.8615 | 0.8427 | 0.0000 | 0.734 – 0.757 |
| 可靠性 | 4 | 0.8217 | 0.8538 | 0.0000 | 0.843 – 0.852 |
| 客运市场外部因素 | 4 | 0.8943 | 0.8738 | 0.0000 | 0.827 – 0.846 |

以旅客视角下“其他费用占票价比例”云权重确定过程为例，对指标相对于上一指标层的重要性进行打分，打分结果如表 3.8 所示。打分修正过程中云图的变化见图 3.1，图 3.1 中的第 3 个云图已趋于稳定，此时专家意见趋于集中，则确定该指标云权重为 $W_{11} = (0.283, 0.037, 0.005)$，结果列入表 3.9 第 1 行第 1 列。

**其他费用占票价比例指标重要性分数** 表 3.8

**Other fees as a percentage of ticket price indicator materiality score** Tab. 3.8

| | 分数 | 分数 | 分数 | 分数 | 分数 |
|---|---|---|---|---|---|
| 专家 | 1 | 2 | 3 | 4 | 5 |
| 重要性分数 | 1 | 0.9 | 0.89 | 0.9 | 0.88 |

续上表

| | 分数 | 分数 | 分数 | 分数 | 分数 |
|---|---|---|---|---|---|
| 专家 | 6 | 7 | 8 | 9 | 10 |
| 重要性分数 | 0.95 | 0.86 | 0.97 | 0.92 | 0.87 |
| 专家 | 11 | 12 | 13 | 14 | 15 |
| 重要性分数 | 0.89 | 0.89 | 0.9 | 0.94 | 0.96 |
| 专家 | 16 | 17 | 18 | 19 | 20 |
| 重要性分数 | 0.9 | 0.88 | 0.87 | 0.9 | 0.92 |
| 专家 | 21 | 22 | 23 | 24 | 25 |
| 重要性分数 | 0.93 | 0.89 | 0.88 | 0.92 | 0.90 |

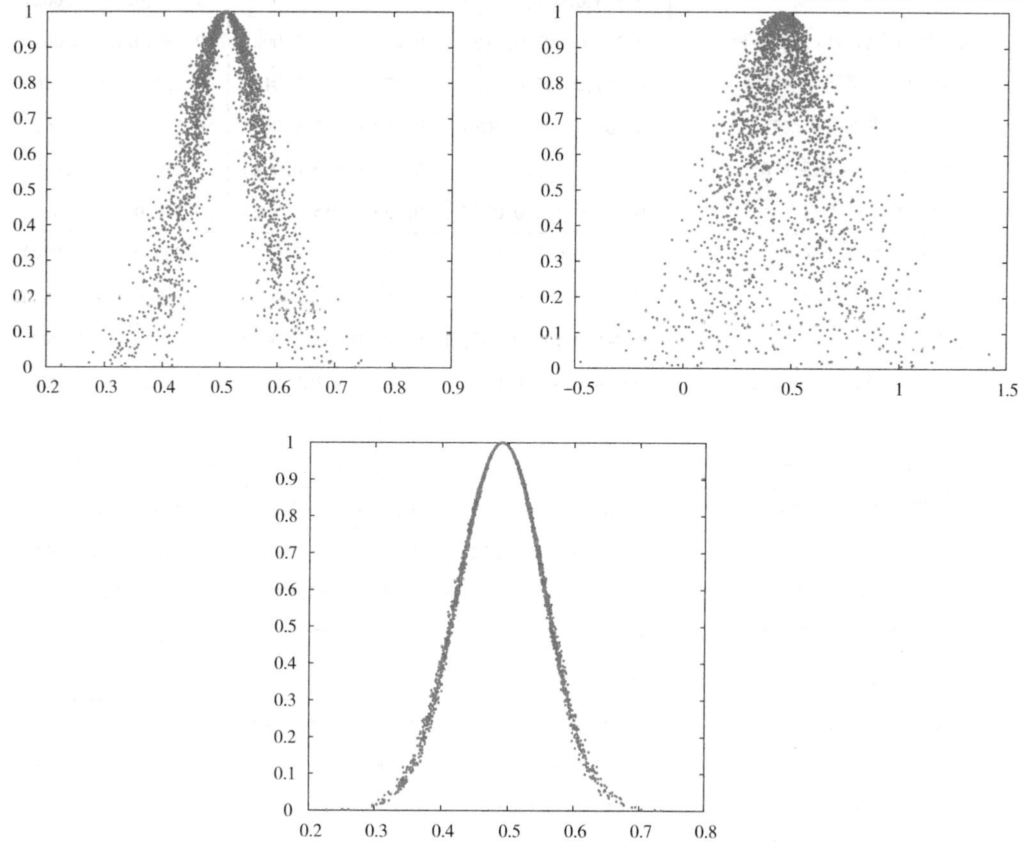

图 3.1　其他费用占票价比例指标云图

Fig. 3.1　Other expenses accounted for the fare ratio indicator cloud map

同理，可得其他指标在旅客视角下的云权重，列入表 3.9 第一列的其他行。以此类推，可以得到所有指标在公务商务、返工返学旅客视角下的指标云权重，详见表 3.9 后两列。同时，准则层对应的云权重如表 3.10 所示。

不同旅客视角下高铁民航竞争影响云权重 表3.9

Cloud weight of factors for High-speed Railway and Civil Aviation from different perspective Tab. 3.9

| 要素指标 | 游客旅客视角 | 公务商务旅客视角 | 返工返学旅客视角 |
|---|---|---|---|
| $X_{1.1}$全年安全事故发生率 | (0.283,0.037,0.005) | (0.279,0.037,0.005) | (0.251,0.099,0.010) |
| $X_{1.2}$保障措施实施力度 | (0.145,0.102,0.016) | (0.143,0.102,0.016) | (0.184,0.134,0.008) |
| $X_{1.3}$安全教育普及程度 | (0.138,0.045,0.008) | (0.136,0.045,0.008) | (0.168,0.137,0.005) |
| $X_{1.4}$全年班次安全检查力度 | (0.211,0.107,0.008) | (0.196,0.016,0.010) | (0.166,0.125,0.019) |
| $X_{1.5}$财产丢失事故率 | (0.224,0.101,0.008) | (0.247,0.024,0.004) | (0.231,0.146,0.004) |
| $X_{2.1}$换乘次数 | (0.216,0.081,0.013) | (0.261,0.013,0.007) | (0.217,0.129,0.002) |
| $X_{2.2}$程前程后接驳是否便利 | (0.236,0.103,0.015) | (0.259,0.018,0.008) | (0.130,0.143,0.009) |
| $X_{2.3}$启程前平均等候时间 | (0.169,0.107,0.010) | (0.175,0.022,0.017) | (0.127,0.140,0.010) |
| $X_{2.4}$日平均发班次数 | (0.108,0.106,0.008) | (0.169,0.017,0.008) | (0.129,0.114,0.002) |
| $X_{2.5}$随程物品限制情况 | (0.150,0.128,0.007) | (0.137,0.012,0.008) | (0.136,0.120,0.008) |
| $X_{2.6}$等里程实际平均乘坐时间 | (0.121,0.142,0.013) | (0.135,0.015,0.002) | (0.156,0.101,0.008) |
| $X_{3.1}$票价波动程度 | (0.164,0.050,0.016) | (0.104,0.013,0.006) | (0.203,0.138,0.010) |
| $X_{3.2}$程前程后接驳费用 | (0.173,0.097,0.016) | (0.103,0.017,0.012) | (0.188,0.104,0.005) |
| $X_{3.3}$平均票价/里程比 | (0.245,0.105,0.007) | (0.106,0.012,0.003) | (0.172,0.095,0.003) |
| $X_{3.4}$票价优惠覆盖力度 | (0.120,0.070,0.003) | (0.101,0.020,0.011) | (0.191,0.152,0.009) |
| $X_{3.5}$退改签成本 | (0.148,0.115,0.009) | (0.100,0.014,0.003) | (0.168,0.116,0.008) |
| $X_{3.6}$其他费用占票价比例 | (0.151,0.122,0.016) | (0.132,0.018,0.004) | (0.200,0.097,0.008) |
| $X_{4.1}$娱乐办公需求满足程度 | (0.181,0.098,0.015) | (0.261,0.014,0.011) | (0.125,0.186,0.007) |
| $X_{4.2}$乘坐噪声 | (0.247,0.081,0.012) | (0.265,0.023,0.009) | (0.128,0.124,0.005) |
| $X_{4.3}$服务频次 | (0.162,0.068,0.013) | (0.233,0.010,0.001) | (0.109,0.170,0.008) |
| $X_{4.4}$随程餐饮覆盖率 | (0.159,0.083,0.012) | (0.197,0.027,0.008) | (0.105,0.140,0.006) |
| $X_{4.5}$舱内拥挤程度 | (0.251,0.096,0.004) | (0.266,0.012,0.004) | (0.094,0.135,0.007) |
| $X_{5.1}$受节假日客流高峰影响程度 | (0.238,0.093,0.013) | (0.266,0.009,0.001) | (0.094,0.135,0.007) |
| $X_{5.2}$准点率 | (0.285,0.076,0.013) | (0.300,0.012,0.004) | (0.133,0.146,0.014) |
| $X_{5.3}$受自然条件影响程度 | (0.263,0.060,0.004) | (0.252,0.090,0.006) | (0.146,0.138,0.005) |
| $X_{5.4}$是否存在超售情况 | (0.214,0.109,0.013) | (0.204,0.075,0.007) | (0.124,0.162,0.003) |
| $X_{6.1}$政策影响程度 | (0.255,0.110,0.008) | (0.179,0.053,0.007) | (0.162,0.152,0.005) |
| $X_{6.2}$经济发展水平 | (0.350,0.130,0.008) | (0.160,0.088,0.015) | (0.130,0.097,0.008) |
| $X_{6.3}$居民消费水平 | (0.330,0.136,0.009) | (0.130,0.046,0.005) | (0.159,0.111,0.009) |
| $X_{6.4}$区域人口总数 | (0.320,0.111,0.012) | (0.146,0.146,0.012) | (0.123,0.104,0.008) |

各基本准则层云权重　表3.10

Basic criteria layer cloud weight　Tab. 3.10

| 基本准则层 | 游客旅客视角 | 公务商务旅客视角 | 返工返学旅客视角 |
|---|---|---|---|
| $X_1$ | (0.215,0.098,0.006) | (0.241,0.053,0.008) | (0.212,0.101,0.005) |
| $X_2$ | (0.235,0.051,0.008) | (0.134,0.146,0.006) | (0.171,0.261,0.006) |
| $X_3$ | (0.221,0.107,0.002) | (0.064,0.087,0.004) | (0.216,0.106,0.006) |
| $X_4$ | (0.137,0.126,0.005) | (0.251,0.055,0.006) | (0.176,0.051,0.004) |
| $X_5$ | (0.131,0.146,0.006) | (0.251,0.058,0.005) | (0.171,0.261,0.006) |
| $X_6$ | (0.061,0.091,0.005) | (0.059,0.068,0.002) | (0.054,0.093,0.005) |

### 3.3.2　竞合因素云模型的确定

以高铁的现实状况为依据,25位专家根据高铁的实际发展状况及游客出行大数据,对各个评价指标打分,赋予每个指标最大值、最小值,将数据输入逆向云发生器及正向云发生器,生成相应的云图。以高铁舒适性基本准则层为例,最终的打分结果如表3.11所示。由此,可形成高铁舒适性基本准则层下5个要素指标的最大云模型和最小云模型,得出高铁舒适性基本准则层下各要素指标实际云模型如表3.12所示。

游客视角下高铁舒适性准则层下各要素指标打分结果　表3.11

Score of index under the criterion layer of high speed rail comfort from tourists perspective　Tab. 3.11

| 指标层 | 专家1 | | 专家2 | | 专家3 | | 专家4 | | 专家5 | |
|---|---|---|---|---|---|---|---|---|---|---|
| | Max | Min | Max | Min | Max | Min | Max | Min | Max | Min |
| $X_{4.1}$娱乐办公需求满足程度 | 0.85 | 0.69 | 0.89 | 0.66 | 0.89 | 0.61 | 0.86 | 0.65 | 0.89 | 0.63 |
| $X_{4.2}$乘坐噪声 | 0.88 | 0.65 | 0.86 | 0.65 | 0.86 | 0.62 | 0.89 | 0.62 | 0.86 | 0.63 |
| $X_{4.3}$服务频次 | 0.8 | 0.71 | 0.85 | 0.79 | 0.9 | 0.85 | 0.87 | 0.82 | 0.81 | 0.8 |
| $X_{4.4}$随程餐饮覆盖率 | 0.79 | 0.58 | 0.73 | 0.54 | 0.76 | 0.52 | 0.79 | 0.61 | 0.75 | 0.54 |
| $X_{4.5}$舱内拥挤程度 | 0.95 | 0.77 | 0.93 | 0.73 | 0.97 | 0.75 | 0.94 | 0.71 | 0.96 | 0.75 |

| 指标层 | 专家6 | | 专家7 | | 专家8 | | 专家9 | | 专家10 | |
|---|---|---|---|---|---|---|---|---|---|---|
| | Max | Min | Max | Min | Max | Min | Max | Min | Max | Min |
| $X_{4.1}$娱乐办公需求满足程度 | 0.79 | 0.64 | 0.87 | 0.65 | 0.82 | 0.63 | 0.92 | 0.64 | 0.84 | 0.64 |
| $X_{4.2}$乘坐噪声 | 0.91 | 0.64 | 0.92 | 0.67 | 0.87 | 0.66 | 0.87 | 0.67 | 0.86 | 0.63 |
| $X_{4.3}$服务频次 | 0.82 | 0.79 | 0.8 | 0.84 | 0.88 | 0.8 | 0.89 | 0.75 | 0.87 | 0.78 |
| $X_{4.4}$随程餐饮覆盖率 | 0.76 | 0.57 | 0.78 | 0.52 | 0.87 | 0.54 | 0.81 | 0.65 | 0.8 | 0.52 |
| $X_{4.5}$舱内拥挤程度 | 0.99 | 0.72 | 0.89 | 0.72 | 0.91 | 0.74 | 0.92 | 0.75 | 0.95 | 0.68 |

续上表

| 指标层 | 专家11 | | 专家12 | | 专家13 | | 专家14 | | 专家15 | |
|---|---|---|---|---|---|---|---|---|---|---|
| | Max | Min | Max | Min | Max | Min | Max | Min | Max | Min |
| $X_{4.1}$娱乐办公需求满足程度 | 0.92 | 0.69 | 0.9 | 0.67 | 0.88 | 0.63 | 0.97 | 0.67 | 0.92 | 0.69 |
| $X_{4.2}$乘坐噪声 | 0.89 | 0.65 | 0.82 | 0.63 | 0.85 | 0.62 | 0.86 | 0.65 | 0.87 | 0.64 |
| $X_{4.3}$服务频次 | 0.84 | 0.71 | 0.86 | 0.82 | 0.87 | 0.72 | 0.86 | 0.81 | 0.87 | 0.83 |
| $X_{4.4}$随程餐饮覆盖率 | 0.79 | 0.57 | 0.76 | 0.56 | 0.74 | 0.53 | 0.75 | 0.52 | 0.78 | 0.54 |
| $X_{4.5}$舱内拥挤程度 | 0.94 | 0.73 | 0.96 | 0.75 | 0.91 | 0.74 | 0.92 | 0.72 | 0.93 | 0.73 |

| 指标层 | 专家16 | | 专家17 | | 专家18 | | 专家19 | | 专家20 | |
|---|---|---|---|---|---|---|---|---|---|---|
| | Max | Min | Max | Min | Max | Min | Max | Min | Max | Min |
| $X_{4.1}$娱乐办公需求满足程度 | 0.89 | 0.67 | 0.76 | 0.62 | 0.87 | 0.63 | 0.85 | 0.66 | 0.85 | 0.64 |
| $X_{4.2}$乘坐噪声 | 0.85 | 0.63 | 0.92 | 0.59 | 0.85 | 0.64 | 0.87 | 0.65 | 0.86 | 0.64 |
| $X_{4.3}$服务频次 | 0.88 | 0.83 | 0.91 | 0.81 | 0.9 | 0.72 | 0.84 | 0.76 | 0.86 | 0.75 |
| $X_{4.4}$随程餐饮覆盖率 | 0.79 | 0.58 | 0.77 | 0.56 | 0.76 | 0.51 | 0.72 | 0.57 | 0.82 | 0.6 |
| $X_{4.5}$舱内拥挤程度 | 0.93 | 0.69 | 0.94 | 0.75 | 0.91 | 0.73 | 0.88 | 0.75 | 0.87 | 0.75 |

| 指标层 | 专家21 | | 专家22 | | 专家23 | | 专家24 | | 专家25 | |
|---|---|---|---|---|---|---|---|---|---|---|
| | Max | Min | Max | Min | Max | Min | Max | Min | Max | Min |
| $X_{4.1}$娱乐办公需求满足程度 | 0.89 | 0.69 | 0.88 | 0.76 | 0.87 | 0.62 | 0.85 | 0.68 | 0.87 | 0.64 |
| $X_{4.2}$乘坐噪声 | 0.85 | 0.65 | 0.9 | 0.64 | 0.85 | 0.62 | 0.92 | 0.65 | 0.86 | 0.64 |
| $X_{4.3}$服务频次 | 0.88 | 0.63 | 0.91 | 0.74 | 0.94 | 0.72 | 0.84 | 0.76 | 0.86 | 0.71 |
| $X_{4.4}$随程餐饮覆盖率 | 0.79 | 0.67 | 0.77 | 0.56 | 0.76 | 0.51 | 0.72 | 0.57 | 0.82 | 0.62 |
| $X_{4.5}$舱内拥挤程度 | 0.93 | 0.77 | 0.94 | 0.75 | 0.91 | 0.73 | 0.88 | 0.75 | 0.87 | 0.75 |

**游客视角下高铁舒适性准则层下各要素指标的云模型** 表3.12

**Cloud Model of factors under the criteria of High Speed Rail comfort from tourists perspective** Tab.3.12

| 指标层 | 最大云模型 | 最小云模型 | 实际云模型 |
|---|---|---|---|
| $X_{4.1}$娱乐办公需求满足程度 | (0.878,0.037,0.014) | (0.649,0.026,0.001) | (0.783,0.064,0.009) |
| $X_{4.2}$乘坐噪声 | (0.871,0.023,0.006) | (0.639,0.018,0.006) | (0.770,0.041,0.006) |
| $X_{4.3}$服务频次 | (0.859,0.032,0.007) | (0.787,0.040,0.004) | (0.819,0.071,0.005) |
| $X_{4.4}$随程餐饮覆盖率 | (0.776,0.033,0.011) | (0.553,0.037,0.004) | (0.657,0.070,0.007) |
| $X_{4.5}$舱内拥挤程度 | (0.930,0.029,0.009) | (0.733,0.021,0.006) | (0.846,0.050,0.007) |

根据高铁舒适性基本准则层下各要素指标的实际云模型数据，继续通过多层次综合云模型公式计算出舒适性的实际云模型 $X_4=(0.781,0.152,0.020)$，云图如图 3.2 所示。重复上述步骤，即可得出高铁 6 个基本准则层的实际云模型，列入表 3.13 第 1 列；还能得到 30 个要素指标的实际云模型，列入表 3.14 第 1 列。同理，还可以得到旅客视角下针对民航 5 个基本准则层和 30 个要素指标的实际云模型，分别列入表 3.11 和表 3.12 的第 2 列。

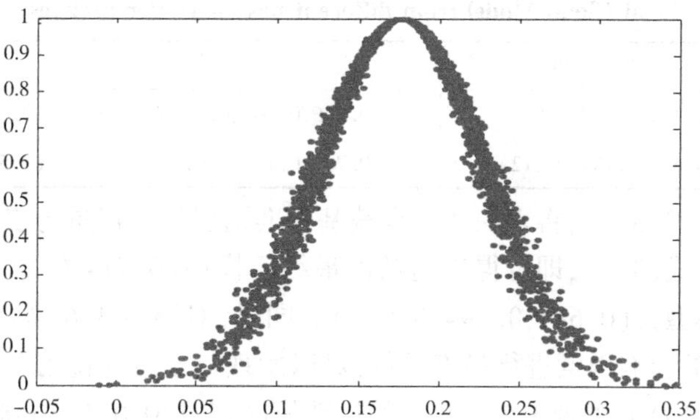


图 3.2　高铁舒适性基本准则层云图

Fig. 3.2　Layer cloud diagram of basic criterion for high speed rail comfort

**不同旅客视角下各基本准则层实际云模型**　　表 3.13

**Actual cloud model of different basic criterion layers from different passenger perspective**　　Tab. 3.13

| 基本准则 | 游客旅客视角 | | 公务商务旅客视角 | | 返工返学旅客视角 | |
|---|---|---|---|---|---|---|
| | (1)高铁 | (2)民航 | (3)高铁 | (4)民航 | (5)高铁 | (6)民航 |
| $X_1$ | (0.695,0.133, 0.014) | (0.677,0.126, 0.014) | (0.773,0.102, 0.017) | (0.823,0.111, 0.018) | (0.806,0.232, 0.019) | (0.710,0.199, 0.017) |
| $X_2$ | (0.652,0.190, 0.019) | (0.702,0.189, 0.020) | (0.884,0.068, 0.017) | (0.878,0.050, 0.018) | (0.725,0.248, 0.014) | (0.607,0.215, 0.012) |
| $X_3$ | (0.706,0.171, 0.022) | (0.635,0.147, 0.019) | (0.479,0.040, 0.013) | (0.493,0.040, 0.014) | (0.828,0.218, 0.014) | (0.652,0.171, 0.011) |
| $X_4$ | (0.781,0.152, 0.020) | (0.716,0.139, 0.018) | (0.976,0.100, 0.014) | (0.938,0.051, 0.013) | (0.441,0.269, 0.012) | (0.400,0.245, 0.011) |
| $X_5$ | (0.714,0.127, 0.016) | (0.653,0.117, 0.015) | (0.786,0.104, 0.009) | (0.720,0.093, 0.008) | (0.375,0.212, 0.013) | (0.330,0.187, 0.011) |

续上表

| 基本准则 | 游客旅客视角 | | 公务商务旅客视角 | | 返工返学旅客视角 | |
|---|---|---|---|---|---|---|
| | (1)高铁 | (2)民航 | (3)高铁 | (4)民航 | (5)高铁 | (6)民航 |
| $X_6$ | (0.894,0.176,0.014) | (0.814,0.161,0.013) | (0.485,0.149,0.017) | (0.467,0.147,0.016) | (0.429,0.177,0.012) | (0.388,0.157,0.011) |

**不同旅客视角下最终云模型** 表3.14

**Final Cloud Model from different passenger Perspectives** Tab. 3.14

| 部　门 | 游 客 视 角 | 公商务旅客视角 | 返工返学视角 |
|---|---|---|---|
| 高铁 | (0.714,0.209,0.013) | (0.806,0.168,0.013) | (0.638,0.268,0.011) |
| 民航 | (0.684,0.194,0.012) | (0.791,0.165,0.013) | (0.543,0.227,0.009) |

由最终云模型式(3.3),将表3.7中高铁基本准则层的云权重与表3.13基本准则层的实际云模型代入式(3.3),即可得出高铁的最终云模型(0.714,0.209,0.013),同理可得民航的最终云模型为(0.684,0.194,0.012)。同时,对照表3.6高铁民航影响因素评价标准,对高铁民航影响因素进行最终评价,可以发现基于游客视角下,高铁最终云模型(0.714,0.209,0.013)大于表3.5第2行的标准值(0.691,0.064,0.008),属于非常高的级别;而民航的最终云模型(0.684,0.194,0.012)大于表3.5第3行的标准值(0.500,0.039,0.005),属于比较高的级别,这也说明基于游客视角下高铁的竞争力要略大于民航的竞争力。综合准则层云模型及准则层权重得出最终云模型如表3.14所示。

### 3.3.3 结果分析

(1)基于游客视角

通过表3.9和表3.10可知,游客旅客较为重视旅途的便捷性和经济性,云权重分别为(0.235,0.051,0.008)和(0.221,0.107,0.002)。其中,“程前程后接驳是否便利”“换乘次数”和“平均票价/里程比”的云权重较大,分别为(0.236,0.103,0.015)、(0.216,0.081,0.013)、(0.236,0.103,0.015),也体现了游客旅客的注重因素。从表3.13和表3.14可知,对于游客旅客,民航在各方面均稍逊于高铁,以舒适度为例,民航(0.716,0.139,0.018)较高铁(0.781,0.152,0.020)而言具有较大的进步空间。其中,对于娱乐办公需求满足程度,高铁就明显优于民航。尽管目前各民航已允许在飞行模式下操作手机,但由于飞机特殊性,仍在此存在诸多限制,而高铁则完全允许旅客进行网络操作。另一方面准点率指标下,飞机容易受到天气等因素影响从而导致延时起飞或者不能准点降落等问题,最终导致部分游客无法准点到达,甚至错过后续旅途安排,而临时改签或换乘又具有极高的成本,因此往往给游客带来低质量的旅行体验。

(2)基于公务商务视角

通过表3.9和表3.10可知,公务商务旅客更重视旅途的舒适性及可靠性,云权重分别为(0.251,0.055,0.006)和(0.251,0.058,0.005),由于公商务旅客的出行需求一般为刚性出行需求且多为公费出行,对票价不敏感并看重舒适性和可靠性。其中,娱乐办公需求满足程度、乘坐噪声、舱内拥挤程度、受节假日客流高峰影响程度及准点率的云权重较大,分别为(0.261,0.014,0.011)、(0.265,0.023,0.009)、(0.266,0.009,0.001)、(0.266,0.009,0.001)和(0.300,0.012,0.005)。从表3.13和表3.14可知,在准点率这一指标层高铁为(0.784,0.108,0.006),民航为(0.690,0.021,0.007),民航一般而言准点率较差,而公商务旅客对时间较为敏感,故高铁在该方拥有一定优势。而在服务频次这一指标层高铁为(0.773,0.156,0.008),民航为(0.810,0.081,0.003),在无视旅行成本的情况下,公务商务旅客可任意选择高端航程出行,民航服务表现更佳。

(3)基于返工返学视角

通过表3.9和表3.10可知,返工返学旅客比较重视经济性与安全性,云权重分别为(0.216,0.106,0.006)和(0.212,0.101,0.005),其中,票价波动程度、其他费用占票价比例、全年安全事故发生率(事故量/运行次数)和财产丢失事故率(事故量/运行次数)云权重较大,分别为(0.203,0.138,0.010)、(0.200,0.097,0.008)、(0.251,0.099,0.010)和(0.231,0.146,0.004)。由于学生类旅客属于无定期收入群体,经济来源主要依靠父母的资助和支持,因此在出行时该类旅客首要考虑的是出行的经济性;其次是安全性,由于随着科技的发展和受教育程度普遍,学生类旅客的安全意识较强,经过权衡高铁属于学生类旅客普遍接受的安全系数较高的出行工具。从表3.13和表3.14可知,通过对比高铁和民航,此类旅客对高铁的各方面表现做出了相对较高的评价和普遍的认可。综合学生群体自身的特殊性,高铁的相应设施和服务较好地满足了学生的需求,而民航较差些,因此民航需要从实际出发进行改进。

(4)基于高铁民航对比

综合三类旅客云权重来看,三类旅客都较为看重安全性,可见民航与高铁作为重要的交通运输方式始终应将旅客出行安全放在第一位,充分保障旅客出行安全性,然后开展各类个性化服务的延伸。随着高速铁路的迅猛发展,在中短途距离中民航与高铁竞争日益显著,高铁也以其快速便捷安全等特点占有较大市场份额,从云模型综合表现来看,基于返工返学旅客和游客旅客视角的云模型在准则层的得分上高铁多数准则层优于民航,只有在公商务旅客视角下民航在安全性(0.823,0.111,0.018),经济性(0.493,0.040,0.014),舒适性(0.938,0.051,0.013)三个准则层得分优于高铁,公务商务旅客一般对出行成本不敏感,较为看重舒适性,所以在这三个准则层下高铁失去原有优势,但总体来说从三类旅客最终云模型可以看出高铁表现略胜于民航。

从安全性的角度来说,无论是哪种类型的旅客都十分重视,所以在三方视角下安全性的权重都很高。基于调查来看,近些年来的旅客出行的事故发生与财产损失的概率较低,说明高铁民航在安全性上都有着十分出色的表现,所以不仅安全性权重高,专家评分也比较高。但是高铁民航也要依旧对安全性保持重视，这样才能保证旅客能有一个安全放心的出乘环境，提供更加优质的服务。

从便捷性的角度而言，旅客追求的都是速度快，时间短。一般而言，旅客希望能够省时省力的完成一次旅途，相对于民航来说，高铁没有那么多的程前时间，在短途上具有优势，但在从长途上来说，民航由于在航时间较短具有优势，总体来说，双方各有优势与不足，旅客根据自身情况选择，双方在便捷性角度的云模型没有太大差距。

从经济性角度而言，返工返学和游客更为重视。对于返工返学和游客而言，对于出行方式的经济性是较为看重的。而学生对于经济性角度也是较为重视的，因为学生群体没有固定收入来源，然而学生群体在选择高铁民航时对于优惠政策是不太敏感的。造成这样的原因有两种，一是，学生都有学生票这个固定的优惠，一直有这种优惠的学生自然会关系自己是否有购买学生票的权利，但是除了这个固定的优惠，学生很少关心其他优惠，所以说学生几乎都会看中学生票的优惠，因为很难有其他优惠的他们不得不用学生票的优惠。二是，学生们不管是返学还是回家，时间都比较集中，误差基本都在一个月范围之内，所以这一段时间也是交通旺季，极少有优惠。故而虽然在返学视角下优惠很重要，但是实际情况下却是学生对新优惠的渴望，以及实际返学学生比较敏感的是票价而非优惠。公务商务相对于返工返学和游客对舒适度赋予了较大的权重，是因为公务出差则更多的是非自费出差，因为不需要自费去购买车票或者机票，所以公费出差的公务人员首先考虑的是自身出行的舒适度与便捷度，而非价格和优惠度，对于返学旅客来说，虽然也是为数不多的出行，但是学生在选择交通工具的时候时间的延伸性比较高，而且对于一般学生，可选择性并不多，所以对舒适性一般是没有要求，而对于返工旅客而言，多数是将高铁民航作为一种通勤手段，对于舒适程度没有太高要求。对于游客旅客而言，舒适性与价格相关，自费出行的游客旅客更愿意为了较经济的票价舍弃一定舒适程度。

可靠性主要包括出行方式的准时程度，高铁的准时性评分比民航要高，是因为民航的准时性相比于高铁略有不足，由于民航的准时性与高铁相比较差，导致一部分对准时性比较看重的旅客会放弃民航选择高铁，站在不同旅客视角对高铁民航准时性的评分也会有所侧重，从而导致准时性角度的云模型的不同。

综合多项指标来说，高铁在中短途的竞争中比民航更具优势，高铁快捷方便准时性也较高。

# 第 4 章 多类别旅客出行选择行为偏好特性研究

本章以刻画高铁民航旅客出行选择行为作为出发点，在给出高铁民航旅客出行选择行为细化维度偏好函数，运用非线性回归方法构建了选择行为偏好特性检验分析模型，对高铁民航旅客出行选择行为偏好进行确定，着重针对不同旅客出行目的，对出行选择行为偏好特性进行了深入分析。与现有关于旅客出行选择行为偏好研究相比，主要有以下贡献：首先，在理论模型方面，更细化地从票价、速度、舒适性、安全性和便捷性五大维度，逐一构建了旅客出行选择行为偏好方程，借助非线性回归方法建立了旅客出行选择行为偏好分析模型。其次，在实证方面，借助对旅客的调查问卷 299 份深入分析并揭示游客、公务商务、返工返学三类旅客的出行选择行为偏好。

值得注意的是，本章研究的高铁民航旅客出行选择行为偏好与第 3 章的得出参数差别在于：一是角度不同，专家得出偏好是基于整个高铁民航发展的判断，宏观些；而本章的行为偏好主要是对旅客进行深入调查得出来的，微观些。二是维度不同，大部分文献主要是整体确定其出行选择偏好，而本章主要从五个更低的维度更加细化的确定其偏好，更细致更精准些，能更好地描绘各类旅客的"偏好"。三是方法不同，本章主要采用非线性回归模型来确定偏好参数，不同于层次分析法比较得出相对值。

## 4.1 高铁民航旅客出行选择行为偏好模型

### 4.1.1 高铁民航旅客出行行为偏好量化效用函数

在这里，根据高铁民航旅客出行行为偏好测定基本思路，厘定高铁民航旅客出行行为偏好量化方程。根据吴泽兵(2014)[196]、董超(2017)[197]等研究成果，游客、公务商务和返工返学三种类型旅客出行选择主要考虑票价、速度、舒适性、安全性和便捷性等因素。因此，本研究将票价、速度、舒适性、安全性和便捷性等这些因素纳入旅客的效用函数，其细分的实惠偏好、准时偏好、舒适偏好、便捷偏好以及安全偏好的量化效用函数构建如下：

(1)实惠偏好量化效用函数

高铁民航三类型的旅客实惠偏好主要来自两个方面：一是旅客为出行支付的费用；二是节约出行费用。一般而言，高铁民航三类型的旅客支付的出行费用越高，旅客获得的效用越低，即旅客的出行费用与效用成反比，当出行距离为 $d$ 时，三类型的高铁民航旅客支付的费用为 $P_{G,i}d$ 和 $P_{A,i}d$ 。相反，高铁民航三类型的旅客出行时，节约的费用越高，获得的效用就越大，假设高铁民航三类型的旅客出行的预期费用为 $P^{Ge,i}d$ 和 $P^{Ae,i}d$ ，其中 $P^{Ge,i}$ 和 $P^{Ae,i}$ 分别为高铁民航三类型的旅客的预期单位运输成本，于是旅客乘坐高铁或民航获得的实惠偏好总和的量化函数分别为 $u_{GP,i}$ 和 $u_{AP,i}$ ：

$$u_{GP,i} = \frac{\alpha_{G,i}}{P_{G,i} \cdot d} + \beta_{G,i}(P^{Ge,i} - P_{G,i})d + \gamma_{G,i} \tag{4.1}$$

$$u_{AP,i} = \frac{\alpha_{A,i}}{P_{A,i} \cdot d} + \beta_{A,i}(P^{Ae,i} - P_{A,i})d + \gamma_{A,i} \tag{4.2}$$

其中，$i=1,2,3$，分别表示游客、公务商务和返工返学三种类型旅客。$\alpha_{G,i}$ 、$\beta_{G,i}$ 和 $\gamma_{G,i}$ 分别表示第 $i$ 类型的旅客高铁出行费用的敏感系数、节约费用的敏感系数和截距项，为待估参数。$\alpha_{A,i}$ 、$\beta_{A,i}$ 和 $\gamma_{A,i}$ 分别表示第 $i$ 类型的旅客民航出行费用的敏感系数、节约费用的敏感系数和截距项，为待估参数。

(2)准时偏好量化效用函数

高铁民航三类型的旅客准时偏好主要体现在准点到达率上。无论是对于哪种类型的旅客，交通工具的运行速度越快，旅客的出行时间越短，旅客获得的效用就越高，为高铁或民航旅客出行时间 $t_{G,i} = d/v_{G,i}$ 或 $t_{A,i} = d/v_{A,i}$ 的反函数。另一方面，高铁或民航的晚点延误时间 $delay_G$ 和 $delay_A$ 也影响其旅客的效用，如果延误晚点必然降低旅客的满意度，反之不会降低旅客的效用，甚至提升旅客的满意度。于是高铁民航三类型的旅客准时偏好效用函数可以表示为：

$$u_{Gv,i} = \lambda_{G,i} + \frac{\mu_{G,i}}{\dfrac{d}{v_{G,i}} + delay_G} \tag{4.3}$$

$$u_{Av,i} = \lambda_{A,i} + \frac{\mu_{A,i}}{\dfrac{d}{v_{A,i}} + delay_A} \tag{4.4}$$

其中，$\lambda_{G,i} > 0, \lambda_{A,i} > 0$ 表示高铁民航第 $i$ 类型的旅客截距项。$u_{Gv,i}$ 和 $u_{Av,i}$ 为非零常数，表示高铁和民航第 $i$ 类型的旅客出行时间的敏感系数。$delay_G$ 和 $delay_A$ 表示高铁或民航的晚点率。

(3)舒适偏好量化效用函数

高铁民航的舒适偏好效用函数描述旅客出行结束后，其旅途疲劳的恢复时间。高铁民航三类型的旅客恢复疲劳的时间越短，说明高铁民航的舒适度效用越高；反之，则越低。在高铁民航的旅客出行过程中，其疲劳程度受到出行时间的影响，出行时间越长，其旅途疲劳的恢复时间也就越长，本研究采用郭春江(2010)[174]、丁金学、金凤君、王姣娥等(2013)[66]的做法，将高铁民航三类型旅客舒适偏好量化效用函数定义为：

$$u_{Gc,i} = \frac{J_{G,i}}{\left(1 + \varphi_{G,i} \cdot e^{-\rho_{G,i} \cdot \frac{d}{v_{G,i}}}\right) \cdot T_{G,i}} \tag{4.5}$$

$$u_{Ac,i} = \frac{J_{A,i}}{\left(1 + \varphi_{A,i} \cdot e^{-\rho_{A,i} \cdot \frac{d}{v_{A,i}}}\right) \cdot T_{A,i}} \tag{4.6}$$

其中，$J_{G,i}$ 和 $J_{A,i}$ 表示高铁民航第 $i$ 类型的旅客出行后的极限恢复时间，即旅客出行结束后，需要恢复疲劳的最长时间。$\varphi_{G,i} > 0$，$\varphi_{A,i} > 0$ 可视为高铁民航第 $i$ 类型的旅客舒适偏好系数，$\varphi_{G,i}$ 和 $\varphi_{A,i}$ 越大，疲劳恢复的时间越短，舒适度越高。$\rho_{G,i}$ 和 $\rho_{A,i}$ 表示高铁民航第 $i$ 类型的旅客单位旅行时间的疲劳恢复时间系数。高铁或民航第 $i$ 类型的旅客出行时间 $d/v_{G,i}$ 或 $d/v_{A,i}$，受到该类型旅客出行距离和出行方式速度的影响；$T_{G,i}$ 和 $T_{A,i}$ 表示高铁民航第 $i$ 类型的旅客时间成本。

(4)便捷偏好量化效用函数

高铁民航旅客出行过程中，除在途时间外，还包括非在途时间，比如等待时间、检票时间等，高铁民航旅客便捷偏好量化效用函数主要是指旅客出行过程中所消耗的非在途时间带来的效用。非在途时间越长，高铁民航旅客便捷偏好便捷性越低，反之则越高。于是高铁民航三类型的旅客的便捷偏好量化效用函数可以表示为所节约时间而获得效用，效用函数分别如下：

$$u_{Gs,i} = \frac{\kappa_{G,i}}{c_{G,i} \cdot T_{G,i}} \tag{4.7}$$

$$u_{As,i} = \frac{\kappa_{A,i}}{c_{A,i} \cdot T_{A,i}} \tag{4.8}$$

其中，$c_{G,i}$、$c_{A,i}$ 分别表示高铁民航第 $i$ 类型的旅客非在途时间，$T_{G,i}$、$T_{A,i}$ 分别表示高铁民航第 $i$ 类型的旅客时间成本。$\kappa_{G,i}$、分别表示高铁民航第 $i$ 类型的旅客便捷偏好的敏感程度，为待估参数。

(5)安全偏好量化效用函数

安全偏好量化效用函数主要是度量高铁民航旅客出行时安全抵达目的地的概率，越接近于100%，说明安全性越高，即 $a_G, a_A \in (0,1]$。

$$u_{Ga,i} = \xi_{Ga,i} \cdot a_G \tag{4.9}$$

$$u_{Aa,i} = \xi_{Aa,i} \cdot a_A \tag{4.10}$$

其中，$\xi_{Ga,i} > 0$、$\xi_{Aa,i} > 0$ 表示高铁民航第 $i$ 类型的旅客安全效用的敏感系数，为待估参数。

### 4.1.2　出行行为选择偏好参数估计模型

对于高铁民航旅客出行行为实惠、准时、舒适、便捷和安全五个偏好量化效用函数，本研究主要用线性回归和非线性回归模型进行参数估计。根据 4.1.2 小节确定具体函数，对于实惠、准时、便捷和安全四个偏好量化效用函数主要适用于线性回归参数估计模型拟合求得，而对于舒适偏好量化效用函数则适用于非线性回归参数估计模型来拟合得到，如表4.1所示。具体如下：

(1)线性回归参数估计模型

①实惠偏好量化效用函数估计模型。

根据高铁民航出行旅客实惠偏好量化效用函数式(4.1)和式(4.2)，可以设计为如下含有截距的线性回归估计模型：

$$u_{GP,i,j}=\frac{\alpha_{G,i,j}}{P_{G,i,j}\cdot d}+\beta_{G,i,j}(P^{Ge,i,j}-P_{G,i,j})d+\gamma_{G,i,j}+\varepsilon_{GP,i,j} \tag{4.11}$$

$$u_{AP,i,j}=\frac{\alpha_{A,i,j}}{P_{A,i,j}\cdot d}+\beta_{A,i,j}(P^{Ae,i,j}-P_{A,i,j})d+\gamma_{A,i,j}+\varepsilon_{AP,i,j} \tag{4.12}$$

其中，被解释变量$u_{GP,i,j}$和$u_{AP,i,j}$通过问卷调查获取。符号$j$表示第$j$名旅客偏好数据；高铁民航旅客支付费用$P_{G,i}d$和$P_{A,i}d$、节约费用预期费用为$P^{Ge,i}d$和$P^{Ae,i}d$通过问卷调查获取。$\varepsilon_{GP,i,j}$和$\varepsilon_{AP,i,j}$为回归误差项。

高铁民航旅客出行偏好函数待估参数列表　　表4.1

**List of parameters to be estimated for high speed rail and civil aviation passenger travel preference function**　　Tab. 4.1

| 高铁 | | | 民航 | | |
|---|---|---|---|---|---|
| 偏好函数 | 含义 | 符号 | 偏好函数 | 含义 | 符号 |
| 实惠偏好 | 第$i$类型旅客高铁出行费用敏感系数 | $\alpha_{G,i}$ | 实惠偏好 | 第$i$类型旅客民航出行费用敏感系数 | $\alpha_{A,i}$ |
| | 第$i$类型旅客高铁节约费用敏感系数 | $\beta_{G,i}$ | | 第$i$类型的旅客民航节约费用的敏感系数 | $\beta_{A,i}$ |
| | 第$i$类型旅客高铁出行截距项 | $\gamma_{G,i}$ | | 第$i$类型的旅客民航出行截距项 | $\gamma_{A,i}$ |
| 准时偏好 | 高铁第$i$类型旅客准时偏好截距项 | $\lambda_{G,i}$ | 准时偏好 | 民航第$i$类型旅客准时偏好截距项 | $\lambda_{A,i}$ |
| | 高铁第$i$类型旅客出行时间的敏感系数 | $\mu_{Gv,i}$ | | 民航第$i$类型旅客出行时间敏感系数 | $\mu_{Av,i}$ |
| 舒适偏好 | 高铁第$i$类型旅客舒适偏好系数 | $\varphi_{G,i}$ | 舒适偏好 | 民航第$i$类型旅客舒适偏好系数 | $\varphi_{A,i}$ |
| | 高铁第$i$类型的旅客单位旅行时间的疲劳恢复时间系数 | $\rho_{G,i}$ | | 民航第$i$类型旅客单位旅行时间疲劳恢复时间系数 | $\rho_{A,i}$ |
| 便捷偏好 | 高铁第$i$类型的旅客便捷偏好的敏感程度 | $\kappa_{G,i}$ | 便捷偏好 | 民航第$i$类型的旅客便捷偏好的敏感程度 | $\kappa_{A,i}$ |
| 安全偏好 | 高铁第$i$类型的旅客安全效用的敏感系数 | $\xi_{Ga,i}$ | 安全偏好 | 民航第$i$类型的旅客安全效用的敏感系数 | $\xi_{Aa,i}$ |

②准时偏好量化效用函数估计模型。

同样地，根据高铁民航出行旅客准时偏好量化效用函数式(4.3)和式(4.4)，可以设计为含有截距的线性回归估计模型，如下：

$$u_{Gv,i,j} = \lambda_{G,i,j} + \frac{\mu_{G,i,j}}{\dfrac{d}{v_{G,i,j}} + delay_G} + \varepsilon_{Gv,i,j} \tag{4.13}$$

$$u_{Av,i,j} = \lambda_{A,i,j} + \frac{\mu_{A,i,j}}{\dfrac{d}{v_{A,i,j}} + delay_A} + \varepsilon_{Av,i,j} \tag{4.14}$$

其中，被解释变量$\mu_{Gv,i,j}$和$\mu_{Av,i,j}$通过问卷调查获取。高铁或民航旅客出行时间$t_{G,i} = d/v_{G,i}$或$t_{A,i} = d/v_{A,i}$，高铁或民航的晚点延误时间$delay_G$和$delay_A$通过问卷调查获取。符号$j$表示第$j$名旅客偏好数据。$\varepsilon_{Gv,i,j}$和$\varepsilon_{Av,i,j}$为回归误差项。

③便捷偏好量化效用函数估计模型。

根据高铁民航出行旅客便捷偏好量化效用函数式(4.7)和式(4.8)，可以设计为如下不含截距的线性回归估计模型：

$$u_{Gs,i,j} = \frac{\kappa_{G,i,j}}{c_{G,i,j} \cdot T_{G,i}} + \varepsilon_{Gs,i,j} \tag{4.15}$$

$$u_{As,i,j} = \frac{\kappa_{A,i,j}}{c_{A,i,j} \cdot T_{A,i}} + \varepsilon_{As,i,j} \tag{4.16}$$

其中，被解释变量$u_{Gs,i,j}$和$u_{As,i,j}$通过问卷调查获取。高铁民航第$i$类型的旅客非在途时间$c_{G,i}$和、旅客时间成本$T_{G,i}$和$T_{A,i}$的通过问卷调查获取。$\varepsilon_{Gv,i,j}$和$\varepsilon_{Av,i,j}$为回归误差项。

④安全偏好量化效用函数估计模型。

根据高铁民航出行旅客便捷偏好量化效用函数式(4.9)和式(4.10)，可以设计为如下不含截距的线性回归估计模型：

$$u_{Ga,i,j} = \xi_{Ga,i,j} \cdot a_G + \varepsilon_{Ga,i,j} \tag{4.17}$$

$$u_{Aa,i,j} = \xi_{Aa,i,j} \cdot a_A + \varepsilon_{Aa,i,j} \tag{4.18}$$

高铁民航的$a_G$和$a_A$安全率通过实际数据获取，而被解释变量$u_{Ga,i,j}$和$u_{Aa,i,j}$通过问卷调查获取。$\varepsilon_{Gs,i,j}$和$\varepsilon_{As,i,j}$为回归误差项。

(2)非线性回归参数估计模型

这里主要是拟合高铁民航旅客舒适偏好量化效用函数。根据高铁民航出行旅客便捷偏好量化效用函数式(4.5)和式(4.6)，可以设计为如下不含截距的非线性回归估计模型：

$$u_{Gc,i,j} = \frac{J_{G,i,j}}{\left(1 + \varphi_{G,i,j} \cdot e^{-\rho_{G,i,j} \cdot \frac{d}{v_{G,i,j}}}\right) \cdot T_{G,i}} + \varepsilon_{Gs,i,j} \tag{4.19}$$

$$u_{Ac,i,j} = \frac{J_{A,i,j}}{\left(1 + \varphi_{A,i,j} \cdot e^{-\rho_{A,i,j} \cdot \frac{d}{v_{A,i,j}}}\right) \cdot T_{A,i}} + \varepsilon_{As,i,j} \tag{4.20}$$

其中,高铁民航旅客被解释变量 $u_{Gc,i,j}$ 和 $u_{Ac,i,j}$、高铁民航旅客核心解释变量极限恢复时间 $J_{G,i}$ 和 $J_{A,i}$、旅客出行时间 $d/v_{G,i}$ 或 $d/v_{A,i}$ 通过问卷调查获取。高铁民航旅客时间成本 $T_{G,i}$ 和 $T_{A,i}$ 控制变量通过统计年鉴等相关渠道获取。$\varepsilon_{Gc,i,j}$ 和 $\varepsilon_{Ac,i,j}$ 为误差项。

本章采取回归模型来拟合效用函数主要特点在于:借助于回归模型的参数估计,不存在实质上的困难,精度较高且稳健、适用性较强、应用简便,能够较好地描述高铁民航旅客出行选择行为偏好,这是优于其他效用函数复杂模型一大特点。

## 4.2 高铁民航旅客出行选择行为偏好调查

### 4.2.1 问卷设计

本书设计的高铁民航旅客出行调查问卷按数据类型分为 RP 调查问卷和 SP 调查问卷。RP 问卷部分涉及旅客的个人属性——性别、年龄、职业以及月收入,合计设计了 4 个问题;出行属性——出行工具、出行目的、出行费用来源等,合计设计了 3 个问题。SP 调查问卷对旅客的实惠、准时、舒适、便捷和安全五大偏好进行专项调查,合计设计 9 个问题。高铁民航旅客出行具体项目和对应问题详见表 4.2 和表 4.3。问卷见附录 2。

**高铁民航旅客出行偏好 RP 问卷问题设计** 表 4.2

RP questions for high speed rail and civil aviation passenger travel preference Tab. 4.2

| 属性 | 项目 | 问题设计 |
|---|---|---|
| 个人属性 | 性别 | 问题 1:您的性别:A. 男 B. 女 |
| | 年龄 | 问题 2:您的年龄(岁):A. 25 以下 B. 25 ~ 30 C. 31 ~ 35 D. 36 ~ 40 E. 41 ~ 50 F. 50 以上. |
| | 职业 | 问题 3:您的职业是:A. 个体经营者 B. 企业经理人 C. 公司职员 D. 公务员 E. 教师或科研人员 F. 工人 G. 农民 H. 学生 I. 军人 J. 离退休人员 K. 其他 |
| | 收入 | 问题 4:您的月平均收入为(单位:元):A. 3000 及以下 B. 3000 ~ 5000 C. 5000 ~ 10000 D. 10000 ~ 20000 E. 20000 以上 |
| 出行属性 | 出行方式 | 问题 5:您最近一次出行乘坐的是:A. 高铁 B. 飞机 |
| | 出行目的 | 问题 6:您的出行目的是:A. 探亲 B. 公务出差 C. 旅游 D. 经商 E. 返学 F. 务工 G. 其他 |
| | 出行费用来源 | 问题 7:您的出行费用来源是:A. 公费 B. 自费 |

需要指出的是,表 4.3 中高铁民航出行平均延误时间 $delay_A$ 和 $delay_G$,主要是通过查阅《2017 年民航行业发展统计公报》和《中国国家铁路 2017 年统计公报》等相关统计资料查询。高铁民航第 $i$ 类型旅客人均工资收入/小时 $T_{A,i}$ 和 $T_{G,i}$ 通过如下方式得到,游客出行时间成本参考 2015 年城镇单位就业人员平均工资(62029 元)计算得出,公务旅客

出行时间成本主要参考中层及以上管理人员（115174 元）计算得出，两者都是每年按照工作 250 天和 8 小时为标准测算，工资收入数据来自国家统计局官网。返工返学旅客出行时间成本参考新闻报道“2015 农民工总量 27747 万人 外出务工者人均月薪 3359 元”，网页地址为 http://society.people.com.cn/n1/2016/0428/c1008-28311721.html。相关结果详见表 4.4。

**高铁民航旅客出行偏好 SP 问卷问题设计及数据获取**　　表 4.3

**The high speed rail and civil aviation passenger travel preference of SP questions and data get**　　Tab.4.3

| 偏好函数 | 获取指标数据 | 问题设计 | 数据处理 |
|---|---|---|---|
| 实惠偏好 | $u_{GP,i,j}$ 和 $u_{AP,i,j}$ | 问题 8：当您出行时，请用√将下列因素与其在您心中的重要程度进行匹配（包括实惠、速度、舒适、便捷和安全偏好） | （很不重要 = 1；不重要 = 2；一般 = 3；重要 = 4；很重要 = 5） |
| | $P_{G,i}d$ 和 $P_{A,i}d$ | 问题 9：您觉得最近一次出行票价是否合理？<br>A. 票价很低　B. 票价略低　C. 票价合理　D. 票价较高　E. 票价很高 | （A = 1；B = 2；C = 3；D = 4；E = 5） |
| | $P^{Ge,i}d$ 和 $P^{Ae,i}d$ | 问题 10：您最近一次出行票价比您心理预期：<br>A. 低 30% 以下　B. 低 10% ~ 30%　C. 低 10% ~ 高 10%　D. 高 10% ~ 50%　E. 高 50% 以上 | （A = −0.3；B = −0.1；C = 0；D = 0.5；E = 1） |
| 速度偏好 | $u_{Gv,i,j}$ 和 $u_{Av,i,j}$ | 同问题 8 | |
| | $t_{G,i}=d/v_{G,i}$ 或 $t_{A,i}=d/v_{A,i}$ | 问题 11：对您来说，您觉得高铁和飞机出行时间区间为最好（单位：小时）：高铁___ 飞机___<br>A. 0 ~ 1　B. 1 ~ 2　C. 2 ~ 4　D. 4 以上 | （A = 1；B = 2；C = 3；D = 4） |
| | $delay_G$ 和 $delay_A$ | 高铁民航出行平均延误时间 | 查阅相关资料获取 |
| 舒适偏好 | $u_{Gc,i,j}$ 和 $u_{Ac,i,j}$ | 同问题 8 | |
| | $J_{G,i}$ 和 $J_{A,i}$ | 问题 12：您高铁/飞机出行过程带来的不适感一般多久会消退（单位：小时）？<br>高铁____　飞机____<br>A. 0 ~ 2　B. 2 ~ 4　C. 4 ~ 6　D. 6 ~ 8　E. 8 以上 | （A = −0.3；B = −0.1；C = 0；D = 0.5；E = 1） |
| | $t_{G,i}=d/v_{G,i}$ 或 $t_{A,i}=d/v_{A,i}$ | 同问题 11 | |
| 便捷偏好 | $u_{Gs,i,j}$ 和 $u_{As,i,j}$ | 同问题 8 | |
| | $c_{G,i}$ 和 $c_{A,i}$ | 问题 13：您最近一次程前时间（正常从家到高铁/飞机准点出发之间、所需要的时间）（单位：小时）<br>A. 0 ~ 1　B. 1 ~ 2　C. 2 ~ 3　D. 3 以上<br>问题 14：您最近一次程后时间（下高铁/飞机之后到目的地之间的时间）（单位：小时）<br>A. 0 ~ 1　B. 1 ~ 2　C. 2 ~ 3　D. 3 以上 | 程前时间 + 程后时间 |
| | $T_{G,i}$ 和 $T_{A,i}$ | 第 $i$ 类型旅客人均工资收入/小时 | 通过统计年鉴等搜集整理 |

续上表

| 偏好函数 | 获取指标数据 | 问题设计 | 数据处理 |
|---|---|---|---|
| 安全偏好 | $u_{Ga,i,j}$ 和 $u_{Aa,i,j}$<br>$a_G$ 和 $a_A$ | 同问题8<br>问题15:您觉得高铁民航哪一个更安全?<br>A. 高铁 B. 民航 | (A=1; B=-2) |

高铁民航延误时间和时间成本参数设定　表4.4

Delay time, time cost and safety factor setting of high-speed rail and civilaviation　Tab. 4.4

| 指标名称 | 符号 | 民航 | 高铁 |
|---|---|---|---|
| 出行平均延误时间 | $delay_A$、$delay_G$ | 0.4 小时 | 0 小时 |
| 出行时间成本 | $T_{A,i}$、$T_{G,i}$ | 游客:37.159 元/小时<br>公务旅客:57.587 元/小时<br>返工返学旅客:20.154 元/小时 | 游客:37.159 元/小时<br>公务旅客:57.587 元/小时<br>返工返学旅客:20.154 元/小时 |

### 4.2.2 调查结果分析

本章节现场问卷调研选择典型地点,但采取随机时间、随机旅客的方式开展:一是于2018年4~5月在郑州东站、郑州新郑国际机场;二是于2018年6~7月在北京南站、北京首都国际机场,三是于2018年9~10月期间在大连大连北站、大连周水子国际机场,分别对出行的旅客进行随机抽样调查。本次调查以组织相关人员到高铁站和机场候客厅,以及高铁及飞机上现场派发的方式,共发放了调查问卷310份,其中:北京128份、郑州95份、大连87份。问卷收集工作完成之后,作者在问卷审核环节中,对收集上来的问卷进行初步检查和筛选,剔除无效问卷11份。最终获得了299份完整的问卷,问卷有效率达到96.45%。其中,高铁乘客136份、占比45.48%,民航乘客163份、占比54.52%。高铁民航旅客RP调查数据特征分布如表4.5所示。

从出行目的来看,游客、公务商务、返工返学三类旅客人群总体数据特征分布如下:从被调查旅客的总体数据特征分布来看,男性、女性旅客数量约各占一半、比例相当,大部分为中等偏低收入,年龄集中在30岁以下及41~50岁之间。从职业来看,主要是学生、个体经营户,以及公司职员和教师或科研人员,占被调查者总数的59.87%。从旅费来源看,自费出行占总调查人数七成以上,公费出行仅占28.09%。

(1)游客

从高铁民航的游客特征相比较来看,性别上民航游客女性占比略高于高铁游客。高铁民航游客的年龄和职业分布基本为一致,说明基于年龄和职业两个因素的视角,游客选择高铁民航出行行为偏好趋于一致的。从高铁民航游客的收入水平来看,月收入5000

元以上的游客占调查民航旅客总人数的 45.61%，而高铁相应比例仅为 30.36%，说明收入略高的群体还是更偏好于选择飞机出行。从游客出行费用来源来看，高铁民航旅客基本上都是以自费为主。

**高铁民航旅客属性 RP 调查数据特征分布**　　表 4.5

**RP data characteristic distribution for high speed rail and civil aviation passenger travel preference**　　Tab. 4.5

| 项目 | 分　类 | 频数(高铁) | | | 频数(民航) | | | 总计 | 占比 |
|---|---|---|---|---|---|---|---|---|---|
| | | 游客(A. 探亲 C. 旅游) | 公务商务(B. 公务出差 D. 经商) | 返工返学(E. 返学 F. 务工 G. 其他) | 游客(A. 探亲 C. 旅游) | 公务商务(B. 公务出差 D. 经商) | 返工返学(E. 返学 F. 务工 G. 其他) | 299 | 100% |
| 性别 | A 男 | 23 | 23 | 15 | 19 | 38 | 26 | 144 | 48.16% |
| | B 女 | 33 | 23 | 19 | 38 | 22 | 20 | 155 | 51.84% |
| 职业 | A. 个体经营者 | 9 | 4 | 6 | 8 | 8 | 3 | 38 | 12.71% |
| | B. 企业经理人 | 4 | 5 | 1 | 5 | 17 | 0 | 32 | 10.70% |
| | C. 公司职员 | 7 | 7 | 2 | 9 | 17 | 3 | 45 | 15.05% |
| | D. 公务员 | 8 | 10 | 0 | 4 | 4 | 3 | 29 | 9.70% |
| | E. 教师或科研人员 | 2 | 11 | 0 | 8 | 9 | 3 | 33 | 11.04% |
| | F. 工人 | 5 | 2 | 0 | 1 | 1 | 2 | 11 | 3.68% |
| | G. 农民 | 6 | 3 | 4 | 6 | 0 | 3 | 22 | 7.36% |
| | H. 学生 | 9 | 2 | 14 | 12 | 1 | 25 | 63 | 21.07% |
| | I. 军人 | 2 | 0 | 0 | 0 | 0 | 1 | 3 | 1.00% |
| | J. 离退休人员 | 0 | 0 | 0 | 0 | 0 | 0 | 0 | 0.00% |
| | K. 其他 | 4 | 2 | 7 | 4 | 3 | 3 | 23 | 7.69% |
| 月收入(元) | A. 3000 及以下 | 18 | 5 | 23 | 14 | 2 | 21 | 83 | 27.76% |
| | B. 3000 ~ 5000 | 21 | 15 | 8 | 17 | 9 | 19 | 89 | 29.77% |
| | C. 5000 ~ 10000 | 11 | 17 | 3 | 16 | 17 | 5 | 69 | 23.08% |
| | D. 10000 ~ 20000 | 4 | 3 | 0 | 8 | 19 | 1 | 35 | 11.71% |
| | E. 20000 以上 | 2 | 6 | 0 | 2 | 13 | 0 | 23 | 7.69% |
| 旅费来源 | A 公费 | 3 | 34 | 0 | 2 | 42 | 3 | 84 | 28.09% |
| | B 自费 | 53 | 12 | 34 | 55 | 18 | 43 | 215 | 71.91% |

(2)公务商务

从高铁民航的公务商务旅客特征相比较来看，性别上高铁出行旅客男女比例均半，而民航旅客男性比例显著高于女性。职业上，高铁公务商务旅客以公务员、教师和科研人员为主，而民航公务商务旅客则以企业经理、公司职员和教师和科研人员为主。从高铁民航公务商务旅客的收入水平来看，高铁旅客集中在3000～5000元以及5000～10000元两档，占调查高铁公务商务旅客总人数的69.57%，而民航旅客则集中在5000～10000元、10000～20000元和20000元以上三档，占高铁公务商务旅客总人数的81.67%，同样说明高收入群体还是更偏好于选择飞机出行。从游客出行费用来源来看，高铁民航旅客基本上都是以公费为主，分别占调查人数比例为73.91%和70%。

(3)返工返学

性别上高铁民航游客比例较为均衡。年龄分布基本为一致，都集中在25岁以下以及41～50岁人群。从职业分布来看，主要以学生为主，在高铁民航的返工返学旅客中占比分别达到了41.18%和54.35%。从收入水平来看，主要为月收入3000元以下群体，民航3000～5000元档次的旅客比例略高。从出行费用来看，同样地，高铁民航旅客基本上都是以自费为主。

### 4.2.3 高铁民航旅客出行选择行为偏好数据分析

根据式(4.11)、式(4.13)、式(4.15)、式(4.17)、式(4.19)五项公式，对问卷调查表4.3得到相关调查数据，以及结合表4.4中获取的数据，可以计算得到高铁的游客旅客、公务商务旅客和返工返学旅客出行选择行为实惠、准时、舒适、便捷和安全五大偏好的参数估计值，详见表4.6。

**高铁旅客出行偏好函数参数估计** 表4.6

**List of estimated parameters for high speed rail passenger travel preference function** Tab.4.6

| 偏好函数 | 含义 | 游客旅客 | 公务商务旅客 | 返工返学旅客 |
|---|---|---|---|---|
| 实惠偏好 | $\alpha_{G,i}$ | 7.094* (sig. 0.000) | 4.251* (sig. 0.000) | 3.226 (sig. 0.013) |
| | $\beta_{G,i}$ | −5.652* (sig. 0.005) | −2.451 (sig. 0.095) | 1.862 (sig. 0.057) |
| | $\gamma_{G,i}$ | 0.369 (sig. 0.000) | −0.020 (sig. 0.030) | −0.070 (sig. 0.021) |
| | $R^2$ | 0.923 | 0.800 | 0.807 |
| 准时偏好 | $\lambda_{A,i}$ | 3.476* (sig. 0.000) | 4.406* (sig. 0.000) | 3.294* (sig. 0.000) |
| | $\mu_{Gv,i}$ | 0.928 (sig. 0.023) | −0.166 (sig. 0.013) | 0.711 (sig. 0.002) |
| | $R^2$ | 0.791 | 0.808 | 0.831 |

续上表

| 偏好函数 | 含义 | 游客旅客 | 公务商务旅客 | 返工返学旅客 |
|---|---|---|---|---|
| 舒适偏好 | $\varphi_{G,i}$ | 151.109 (sig. 0.000) | 247.894* (sig. 0.000) | 82.269* (sig. 0.000) |
| | $\rho_{G,i}$ | 0.191 (sig. 0.055) | 0.158 (sig. 0.149) | 0.039 (sig. 0.097) |
| | $R^2$ | 0.867 | 0.847 | 0.812 |
| 便捷偏好 | $\kappa_G, i$ | 0. 109 (sig. 0.004) | -0.028 (sig. 0.055) | 0.173* (sig. 0.029) |
| | $R^2$ | 0.942 | 0.801 | 0.930 |
| 安全偏好 | $\xi_{Ga,i}$ | 0.120 (sig. 0.000) | 0.069 (sig. 0.049) | 0.04* (sig. 0.004) |
| | $R^2$ | 0.955 | 0.905 | 0.902 |

注：* 表示在 0.05 水平下显著，** 表示在 0.01 水平下显著。

根据式(4.12)、式(4.14)、式(4.16)、式(4.18)、式(4.20)，同样地可以计算得到民航的游客、公务商务和返工返学出行选择行为实惠、准时、舒适、便捷和安全五大偏好的参数估计值，详见表 4.7。

民航旅客出行偏好函数参数估计　　表 4.7

**List of estimated parameters for civil aviation passenger travel preference function**　　Tab. 4.7

| 偏好函数 | 含义 | 游客旅客 | 公务商务旅客 | 返工返学旅客 |
|---|---|---|---|---|
| 实惠偏好 | $\alpha_{A,i}$ | 2.437 (sig. 0.090) | 4.949 (sig. 0.026) | 1.286 (sig. 0.041) |
| | $\beta_{A,i}$ | -0.437 (sig. 0.000) | -3.851 (sig. 0.056) | 2.555 (sig. 0.165) |
| | $\gamma_{A,i}$ | 1.763 (sig. 0.001) | 0.157 (sig. 0.009) | -0.607 (sig. 0.000) |
| | $R^2$ | 0.821 | 0.772 | 0.762 |
| 准时偏好 | $\lambda_{A,i}$ | 3.763* (sig. 0.000) | 4.250* (sig. 0.000) | 3.826* (sig. 0.000) |
| | $\mu_{Av,i}$ | 0.584 (sig. 0.017) | 0.364 (sig. 0.052) | 0.459 (sig. 0.078) |
| | $R^2$ | 0.912 | 0.906 | 0.887 |

续上表

| 偏好函数 | 含义 | 游客旅客 | 公务商务旅客 | 返工返学旅客 |
|---|---|---|---|---|
| 舒适偏好 | $\varphi_{A,i}$ | 46.201 * (sig. 0.000) | 169.695 * (sig. 0.000) | 160.935 * (sig. 0.000) |
| | $\rho_{A,i}$ | 0.049 (sig. 0.193) | 0.226 (sig. 0.005) | 0.233 (sig. 0.047) |
| | $R_2$ | 0.763 | 0.826 | 0.887 |
| 便捷偏好 | $\kappa_{A,i}$ | -0.080 (sig. 0.053) | 0.046 (sig. 0.028) | -0.163 (sig. 0.079) |
| | $R^2$ | 0.896 | 0.902 | 0.827 |
| 安全偏好 | $\xi_{A\alpha,i}$ | 0.081 (sig. 0.047) | 0.028 (sig. 0.033) | 0.127 (sig. 0.002) |
| | $R^2$ | 0.777 | 0.801 | 0.816 |

注：* 表示在0.05水平下显著，* * 表示在0.01水平下显著。

## 4.3 结果讨论

根据问卷调研结果，得到了旅客出行偏好效用平均值，如表4.8所示。可以看出，三类旅客除了对安全偏好都一致重视外，对另四个偏好则各有侧重点。

**旅客出行偏好效用值** 表4.8

**Passenger travel utility preference** Tab.4.8

| 旅客类型 | 工具 | 实惠偏好 | 准时偏好 | 舒适偏好 | 便捷偏好 | 安全偏好 |
|---|---|---|---|---|---|---|
| 游客旅客 | 高铁 | (4.125) | 3.875 | 3.839 | (4.018) | (4.589) |
| | 民航 | (3.930) | 3.982 | 3.965 | (4.140) | (4.544) |
| 公务商务旅客 | 高铁 | 3.500 | (4.326) | (4.196) | (4.391) | (4.739) |
| | 民航 | 3.167 | (4.383) | (4.033) | (4.300) | (4.650) |
| 返工返学旅客 | 高铁 | (4.000) | 3.559 | 3.206 | 3.794 | (4.147) |
| | 民航 | (4.043) | 4.000 | 3.783 | 4.261 | (4.804) |

总体看，对于游客旅客，无论是高铁还是民航，非常重视实惠和便捷偏好。对于公务商务旅客，则非常重视准时、舒适和便捷三个偏好，对于实惠则不是很敏感。对于返工返学旅客，相对而言更加突出重视实惠偏好，但如果选择民航出行，则对准时和便捷偏好也是比较重视。

### 4.3.1　游客旅客高铁民航行为偏好对比

根据表4.6和表4.7结果，对于游客旅客类型群体：从实惠偏好来看，高铁游客价格因素回归参数 $\alpha_{G,i}$ 值大于民航游客 $\alpha_{A,i}$ 值，说明高铁游客对价格更加敏感，实际票价越低其效用越高；对于预期价格，高铁民航的回归参数 $\beta_{G,i}$ 和 $\beta_{A,i}$ 均为负数，说明预期价格越高，其效用偏好更加低。从准时偏好来看，高铁民航回归参数分别为 $\mu_{Gv,i}=0.928$ 和 $\mu_{Av,i}=0.584$，说明在途时间和延误时间越长，给游客带来的效用体验越差。从舒适偏好来看，其回归参数 $\varphi_{G,i}$、$\varphi_{A,i}$、$\rho_{G,i}$、$\rho_{A,i}$ 都为正数，说明在途时间越长带来的不舒适感越差，导致其整体舒适体验效果越差。从便捷偏好来看，高铁回归参数为 $\kappa_{G,i}=0.109$，而民航的则为 $\kappa_{A,i}=-0.08$，则说明非在途时间成本会降低高铁游客效用值，而对于民航游客带来的负面效用值则更加明显。从安全偏好来看，高铁游客的回归参数 $\xi_{Ga,i}$ 值大于民航游客参数 $\xi_{Aa,i}$ 值，说明游客旅客对高铁安全偏好更加敏感。

根据图4.1，可以进一步看到高铁民航游客的效用偏好，第一位是安全偏好，其次为便捷偏好，再次为实惠偏好。

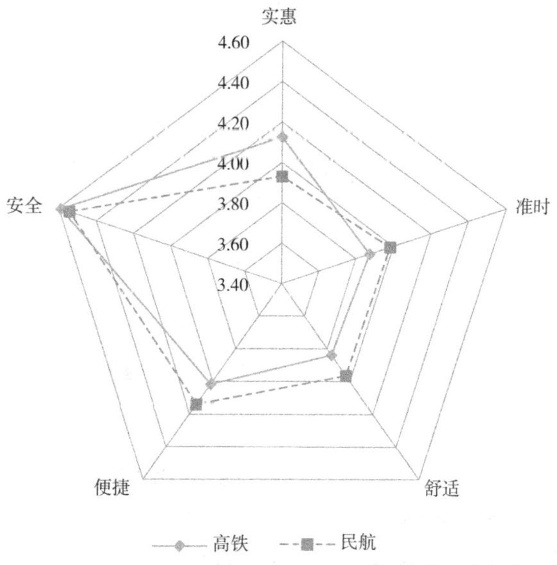


图4.1　高铁民航游客的效用偏好

Fig. 4.1　Tourists utility preference of high-speed rail and civil aviation

### 4.3.2　公务商务旅客高铁民航行为偏好对比

根据表4.6和表4.7，比较公务商务旅客高铁民航出行偏好测算结果：从实惠偏好来看，高铁民航公务商务旅客对实际票价因素回归参数 $\alpha_{G,i}$、$\alpha_{A,i}$ 值均为正数、预期价

格因素回归参数 $\beta_{G,i}$ 和 $\beta_{A,i}$ 均为负数，说明实际票价和预期价格越高，其效用值越低。从准时偏好来看，高铁公务商务旅客回归参数负数，而民航公务商务旅客参数则为正数，说明高铁民航给此类旅客带来了效用还是有比较明显的差异。从舒适偏好来看，其回归参数 $\varphi_{G,i}$、$\varphi_{A,i}$、$\rho_{G,i}$、$\rho_{A,i}$ 也都为正数，表明在途时间越长带来的不舒适感越强，导致其整体舒适体验效果越差。从便捷偏好来看，高铁回归参数为 $\kappa_{G,i}=-0.028$、民航为 $\kappa_{A,i}=0.046$，揭示了非在途时间成本的增加降低民航公务商务旅客的效用值，高铁公务商务旅客的负面体验则也比较明显。从安全偏好来看，高铁民航公务商务旅客回归参数 $\xi_{Ga,i}$、$\xi_{Aa,i}$ 值都大于0，说明公务商务旅客对高铁民航的安全出行持正向偏好态度。

根据图4.2，可以进一步得出高铁民航公务商务旅客的偏好情况，公务商务旅客非常重视安全、准时、舒适和便捷四个偏好，而对实惠偏好则不是很明显。

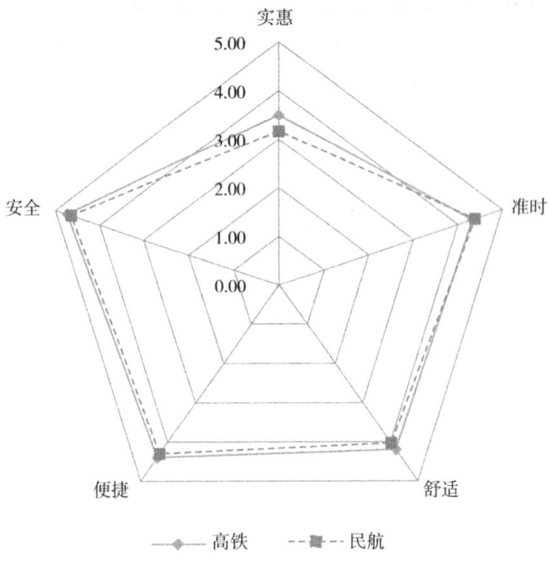


图4.2　高铁民航公务商务旅客的效用偏好

Fig. 4.2　Business passengers utility preference of high-speed rail and civil aviation

### 4.3.3　返工返学旅客高铁民航行为偏好对比

同样地，根据表4.6和表4.7结果，对于返工返学旅客类型群体：从实惠偏好来看，类似前两类旅客，高铁民航的返工返学旅客的实际票价回归参数为正值、预期价格参数为负数。从准时偏好来看，返工返学旅客回归参数均为正数，表明了在途时间和延误时间与高铁民航此类旅客的准时效用体验成反比。从舒适偏好来看，返工返学旅客的回归参数皆为正数，表明在途时间长短与舒适体验效果成反比。从便捷偏好来看，高铁回归参数为正、民航为负，揭示了非在途时间成本对高铁民航返工返学旅客的效用影响是不一样的。从安全偏好来看,高铁民航公务商务旅客回归参数值都大于 0,也说明了返工返学旅客对高铁民航的安全出行正向偏好。

根据图 4.3,可以得出高铁民航返工返学旅客的偏好情况,高铁这类旅客更加突出重视安全和实惠偏好,民航这类旅客相比对舒适偏好,更加注重安全、实惠、便捷、准时四个偏好。

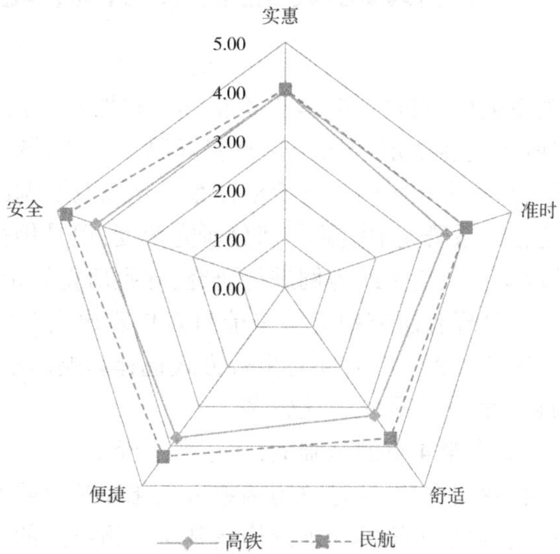


图 4.3　高铁民航返工返学旅客的效用偏好

Fig. 4.3　Travelers to work and school utility preference of high-speed rail and civil aviation

# 第5章　考虑多类别旅客出行偏好的高铁民航竞合博弈研究

对高铁民航竞争关系进行分析可知，运输价格和运输距离是两者竞争的关键因素，在市场经济下，高铁民航通过客票定价来争夺旅客资源，以获取最大企业利润。高铁民航的价格战引起的竞争，必将影响运输市场价格体系稳定以及资源的合理配置。现有研究在高铁民航双方的竞合关系研究中涵盖了部分研究角度，但是仍存在较明显的不足之处，一是现有研究多选取某一交通干线为例进行研究，导致所得结论具有特殊性，不具备推而广之的广泛意义。二是现有研究中大多未能直观展现出高铁民航作为国内主要的两个运输大系统之间的博弈过程。三是在对出行方式选择影响因素进行分析时，因素选取以及模型构建缺乏科学性，主观因素占比较多。

基于此，本书在第3章和第4章的基础上，通过考虑经济、快速、舒适、便捷和安全等五个因素构建旅客的出行效用函数，通过效用函数最大化原则求解不同类型旅客视角下高铁民航的竞合博弈区间；通过古诺博弈理论构建基于价格维度的高铁民航竞合关系模型；通过伯特兰德博弈理论构建基于距离维度的高铁民航竞合关系模型，探讨高铁民航在不同策略下的竞合状态，以期找到两者之间实现共赢的科学策略。研究结果表明：450～850km距离区间是高铁和民航最为激烈的竞争区间，随着运输距离的增加，民航的博弈策略由合作转变为竞争，而高铁恰恰相反，高铁的策略由竞争转变为合作。

## 5.1　基于两阶段的高铁民航博弈模型构建

### 5.1.1　高铁民航竞合博弈模型构建的假设条件

现实中的高铁民航博弈竞争与合作的过程中存在许多意外因素，为了确保最终结果的准确和理想，在此对一些竞合条件做出相应的假设。

假设1：假设在双方竞合博弈的过程中，呈现的是双寡头模式，将所有的民航公司看作一个整体。

假设2：假设双方在运输距离与供给量之比的关系是连续的，高铁随着运行距离供给量逐渐下降，而民航随着运行距离的提升供给量逐渐上升。同时，为了保证实证图形的连续性，忽略短途可能没有民航的情况。即：假设双方的社会供给比例都不会为0，这样我们假设的区间才会都有意义。

假设3:假设在本次竞合博弈过程中,博弈双方都处于理性状态中,即双方可以根据现有情况得出最理想的应对方法,并按最优方案行动。

假设4:假设本次试验的模型构建中,不会有外来力量干涉高铁民航的决定,这样双方都可以贯彻自己的方案。

假设5:假设本次试验中,高铁民航的利润收益与成本支出就是本研究在上文中所做出的假设,可以用公式表示并且可以用到之后的推导演化中去。

假设6:假设高铁民航的博弈中双方互有合作与竞争,在己方劣势的情况下会根据实验中的数据进行更优的方案,而不是一味低收益却不进行改变。

假设7:假设本次试验过程中,所有的公司互相独立,不会相互影响,也就是说其他公司不会影响其中一家公司对于自身公司形式的判断,从而得到公司正确的行动方案。

现实中可能会出现一些不可控因素,但是在本次模型中杜绝了一些常见的影响因素,这样便可以得到一个更接近理想环境下的博弈结果。

### 5.1.2　第一阶段的高铁民航竞合博弈模型构建

近年来,高铁和民航作为交通出行的两个重要部门,表现出的竞争程度逐渐提高,而合作程度则逐渐下降,且随着中国铁路建设进程的加快,这种趋势表现的愈加明显。但这并不意味着在所有距离空间内高铁和民航之间的竞争都是激烈的,通常情况下,旅客在短距离($d_s$)内出行时,倾向选择高铁出行;旅客在长距离($d_l$)出行时,倾向选择民航出行,在距离区间 $d_s < d < d_l$内,是高铁和民航争夺的主要区间。本部分的主要目的在于求出高铁和民航的竞争区间。

现有研究在这方面得出的结论存在一定的差异,如彭峥和胡华清(2009)[170]采用Logit分担模型计算出高铁民航的分界点位于880~900km之间,张旭、栾维新、赵冰茹等(2012)[101]认为高铁民航竞争激烈的区间介于600~1400km之间,丁金学、金凤君、王姣娥等(2013)[66]则认为500~900km是高铁民航博弈竞争的显著距离。这些结论差异性是由于在分担模型设定中考虑因素的差异性和参数设定的差异引起的。彭峥和胡华清(2009)[170]在旅客效用函数中考虑了快速性、经济性、舒适性、方便性以及旅客时间价值五个方面的因素,他们认为这五种因素之前的关系是相互制约的,因此他们设定的旅客效用函数为非线性的。张旭、栾维新、蔡权德(2011)[14]考察了时间成本、经济成本、舒适性和安全性四个方面的要素。丁金学等(2013)[66]在高铁和航空运输市场分担模型中考虑了经济、快速、舒适、便捷和安全等五个因素。张旭等(2011)[14]和丁金学等(2013)[66]设定的旅客效用函数则是各因素与选择偏好系数乘积的简单加总形式,不同的是张旭等(2011)[14]将舒适度定义为交通工具行驶稳定性、座椅舒适程度以及在交通工具上活动灵活程度的函数,丁金学等(2013)[66]则将舒适性定义为疲劳恢复时间的函数。

根据吴泽兵(2014)[196]的研究,旅客的一维演化博弈过程中考虑票价、速度、舒适性、安全性和便捷性等因素,其效用函数可以表示为 $U(p,v,s,a,c)$ ,其中 $p$ 表示票价, $v$ 表示速度, $s$ 表示敏感性, $a$ 表示安全性, $c$ 表示便捷性。此外,旅客的出行还受到支付能力、出行目的和出行需求的影响。本研究将票价、速度、舒适性、安全性和便捷性等因素纳入旅客的效用函数。当旅客选择民航作为出行方式时,设旅客对民航票价、速度、舒适性、安全性和便捷性的偏好程度依次为 $\varepsilon_{Ap}$ 、$\varepsilon_{Av}$ 、$\varepsilon_{As}$ 、$\varepsilon_{Aa}$ 和 $\varepsilon_{Ac}$ ;民航的单位运输成本为 $p_A$ ,运行速度为 $v_A$ ,舒适性为 $s_A$ ,安全性为 $a_A$ ,便捷性为 $c_A$ 。

根据第 4 章得到的结论,于是,旅客乘坐民航获得的效用可以表示为:

$$U_A^C = \varepsilon_{Ap}u_{Ap} + \varepsilon_{Av}u_{Av} + \varepsilon_{As}u_{As} + \varepsilon_{Aa}u_{Aa} + \varepsilon_{Ac}u_{Ac} \tag{5.1}$$

同样地,根据第 4 章得到的结论,可以得到旅客乘坐高铁的总效用为:

$$U_G^C = \varepsilon_{Gp}u_{Gp} + \varepsilon_{Gv}u_{Gv} + \varepsilon_{Gs}u_{Gs} + \varepsilon_{Ga}u_{Ga} + \varepsilon_{Gc}u_{Gc} \tag{5.2}$$

旅客在选择出行时,会综合考虑上述五个方面的因素,以便获取出行效用的最大化,于是有:

$$U^C = \max\{U_A^C, U_G^C\} \tag{5.3}$$

其中, $U^C$ 表示旅客的实际效用。不失一般性,本研究运用 Logit 分担模型,计算出高铁和民航的客流分担比例,以及竞争激烈的博弈区间,高铁和民航的分担比例为:

$$p_A = \frac{e^{U_A^C}}{e^{U_A^C} + e^{U_G^C}}, p_G = \frac{e^{U_G^C}}{e^{U_A^C} + e^{U_G^C}} \tag{5.4}$$

当 $p_A = p_G$ 时,旅客乘坐高铁和民航在旅客出行中分担的比例是相等的,并基于此得到民航与高铁竞争激烈的区间,即高铁民航博弈区间。

### 5.1.3 第二阶段的高铁民航竞合博弈模型构建

(1)基于价格维度

在对高铁民航博弈行为分析前,首先计算高铁民航的价格调整区间,根据图 5.1 中所描述的古诺博弈模型,高铁和民航的价格上限分别位于 $a$ 点和 $c$ 点。根据价格和需求的线性关系,可以得到高铁民航的价格反需求函数:

$$p_A = a - bQ \tag{5.5}$$

$$p_G = c - dQ \tag{5.6}$$

其中, $a$ 、$b$ 、$c$ 、$d$ 为大于零的常数, $Q = Q_A + Q_G$ 为总需求。根据图 5.1 中古诺博弈的结果,可以得到竞争与合作时,高铁民航在市场上的总供给 $Q_{\max}$ 和 $Q_{\min}$ ,进而得到高铁的价格区间 $[a - bQ_{\max}, a - bQ_{\min}]$ ,民航的价格区间 $[c - dQ_{\max}, c - dQ_{\min}]$ 。高铁民航的博弈矩阵如表 5.1 所示。

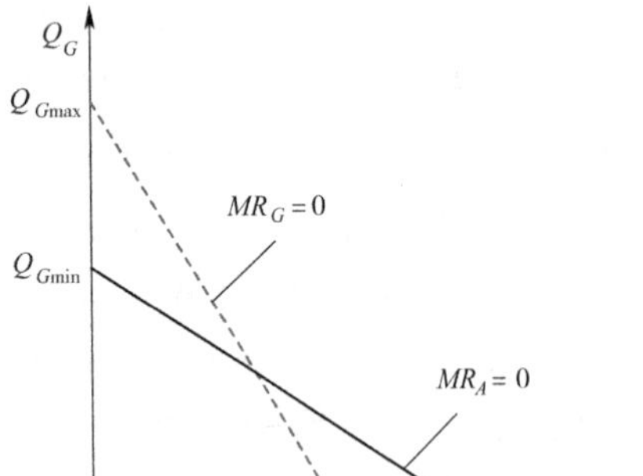


图 5.1 高铁和民航的 Cournot 博弈

Fig. 5.1 Civil Aviation and High Speed Rail's Cournot Game

高铁民航博弈矩阵的基本形式　　表5.1

Basic Form of High Speed Rail and Civil Aviation Game Matrix　　Tab. 5.1

| 博弈双方 | | 民航 | |
|---|---|---|---|
| | | 合作 | 竞争 |
| 高铁 | 合作 | $(U_{G1}, U_{A1})$ | $(U_{G1}, U_{A2})$ |
| | 竞争 | $(U_{G2}, U_{A1})$ | $(U_{G2}, U_{A2})$ |

令 $P_A^{\min} = a - bQ_{\max}$ 和 $P_A^{\max} = a - bQ_{\min}$。当高铁民航的策略为(合作,合作)或(竞争,合作)时,民航获得的最大化收益,即民航价格最高,可以分别表示为:

$$U_{A1} = \pi_A^1 = P_A^{\max} Q_A - C(Q_A) \tag{5.7}$$

当高铁民航的策略为(合作,竞争)或(竞争,竞争)时,民航获得的最大化收益,即民航价格最高,可以表示为:

$$U_{A2} = \pi_A^2 = P_A^{\min} Q_A' - C(Q_A') \tag{5.8}$$

类似的,令 $P_G^{\min} = c - dQ_{\max}$ 和 $P_G^{\max} = c - dQ_{\min}$。当高铁民航的策略为(合作,合作)或(合作,竞争)时,高铁获得的最大化收益,即高铁价格最高,可以分别表示为:

$$U_{G1} = \pi_G^1 = P_G^{\max} Q_G - C(Q_G) \tag{5.9}$$

当高铁民航的策略为(竞争,合作)或(竞争,竞争)时,高铁获得的最大化收益,即高铁价格最高,可以分别表示为:

$$U_{G2} = \pi_G^2 = P_G^{\min} Q_G' - C(Q_G') \tag{5.10}$$

假设高铁民航的成本函数分别为:

$$C(Q_G) = m\,Q_G, C(Q_A) = n\,Q_A \tag{5.11}$$

于是可以得到高铁和民航效用函数的一般形式:

$$U_A = \pi_A = R(Q_A) - C(Q_A) = [a - b(Q_A + Q_G)]\,Q_A - n\,Q_A \tag{5.12}$$

$$U_G = \pi_G = R(Q_G) - C(Q_G) = [c - d(Q_A + Q_G)]\,Q_G - m\,Q_G \tag{5.13}$$

对式(5.12)和式(5.13)分别求一阶导数 $Q_A$、$Q_G$,得到

$$\frac{\mathrm{d}\,\pi_A}{\mathrm{d}\,Q_A} = (a - n) - 2b\,Q_A - b\,Q_G = 0 \tag{5.14}$$

$$\frac{\mathrm{d}\,\pi_G}{\mathrm{d}\,Q_G} = (c - m) - 2d\,Q_G - d\,Q_A = 0 \tag{5.15}$$

得到高铁民航同时实现效用最大化的供给量

$$Q_A = \frac{1}{3}\left[\frac{2}{b}(a - n) - \frac{1}{d}(c - m)\right] \tag{5.16}$$

$$Q_G = \frac{1}{3}\left[\frac{2}{d}(c - m) - \frac{1}{b}(a - n)\right] \tag{5.17}$$

根据式(5.16)和式(5.17)可以得到高铁和民航实现最大化均衡的总供给量 $Q^T$:

$$Q^T = Q_A + Q_G = \frac{1}{3}\left[\frac{1}{b}(a-n) + \frac{1}{d}(c-m)\right] \tag{5.18}$$

在古诺博弈均衡条件下，$Q_{Cournot} = Q_A + Q_G = \frac{2}{3}Q^T$。根据古诺均衡，图5.1中浅色实线和黑色实线分别为边际利润率为零的曲线，即：$MR_A = 0, MR_G = 0$。由此，我们可以得到高铁和民航的最大和最小的供给量，如图5.1所示。

高铁和民航的收益函数表示为：

$$R_A = P_A Q_A = [a - b(Q_A + Q_G)]Q_A = -bQ_A^2 + aQ_A - bQ_A \cdot Q_G \tag{5.19}$$

$$R_G = P_G Q_G = [c - d(Q_A + Q_G)]Q_G = -dQ_G^2 + cQ_G - dQ_G \cdot Q_A \tag{5.20}$$

高铁和民航的边际收益为：

$$MR_A = a - 2bQ_A - bQ_G = 0 \tag{5.21}$$

$$MR_G = c - 2dQ_G - dQ_A = 0 \tag{5.22}$$

根据式(5.21)和式(5.22)得到高铁和民航的供给最值水平：

$$Q_{G\max} = \frac{a}{b}, Q_{G\min} = \frac{c}{2d} \tag{5.23}$$

$$Q_{A\max} = \frac{c}{d}, Q_{A\min} = \frac{a}{2b} \tag{5.24}$$

市场上的总运量的最大值和最小值为：

$$Q_{\max} = \frac{a}{b} + \frac{c}{d}, Q_{\min} = \frac{c}{2d} + \frac{a}{2b} \tag{5.25}$$

将式(5.23)和式(5.24)分别代入式(5.5)和式(5.6)得到：

$$P_A^{\max} = a - b\left(\frac{a}{2b} + \frac{c}{2d}\right), P_A^{\min} = a - b\left(\frac{a}{b} + \frac{c}{d}\right) \tag{5.26}$$

$$P_G^{\max} = c - d\left(\frac{a}{2b} + \frac{c}{2d}\right), P_G^{\min} = c - d\left(\frac{a}{b} + \frac{c}{d}\right) \tag{5.27}$$

将式(5.23)~式(5.25)分别代入式(5.7)~式(5.10)有：

$$U_{A1} = \frac{(a-n)a}{2b} - \frac{a}{2}\left(\frac{a}{2b} + \frac{c}{2d}\right) \tag{5.28}$$

$$U_{A2} = \frac{(a-n)a}{b} - a\left(\frac{a}{b} + \frac{c}{d}\right) \tag{5.29}$$

$$U_{G1} = \frac{(c-m)c}{2d} - \frac{c}{2}\left(\frac{a}{2b} + \frac{c}{2d}\right) \tag{5.30}$$

$$U_{G2} = \frac{(c-m)c}{d} - c\left(\frac{a}{b} + \frac{c}{d}\right) \tag{5.31}$$

因此，表5.1中的高铁民航竞合关系可以重新表示，如表5.2所示。

表5.2基于古诺博弈框架分析的结果，描述了高铁民航的四种策略的收益。高铁和

民航的策略选择则取决于各种策略的预期收益。民航选择合作时，其预期收益为：

基于古诺模型的高铁民航的博弈矩阵　表 5.2

High Speed Rail and Civil Aviation Game Matrix based on Cournot Duopoly Model　Tab. 5.2

| 博弈双方 | | 民航 合作($y$) | 民航 竞争($1-y$) |
|---|---|---|---|
| 高铁 | 合作($x$) | $\left[\frac{(c-m)c}{2d}-\frac{c}{2}\left(\frac{a}{2b}+\frac{c}{2d}\right),\ \frac{(a-n)a}{2b}-\frac{a}{2}\left(\frac{a}{2b}+\frac{c}{2d}\right)\right]$ | $\left[\frac{(c-m)c}{2d}-\frac{c}{2}\left(\frac{a}{2b}+\frac{c}{2d}\right),\ \frac{(a-n)a}{2b}-a\left(\frac{a}{b}+\frac{c}{d}\right)\right]$ |
| 高铁 | 竞争($1-x$) | $\left[\frac{(c-m)c}{d}-c\left(\frac{a}{b}+\frac{c}{d}\right),\ \frac{(a-n)a}{2b}-\frac{a}{2}\left(\frac{a}{2b}+\frac{c}{2d}\right)\right]$ | $\left[\frac{(c-m)c}{d}-c\left(\frac{a}{b}+\frac{c}{d}\right),\ \frac{(a-n)a}{2b}-a\left(\frac{a}{b}+\frac{c}{d}\right)\right]$ |

$$U_{AH}^{e}=x\left[\frac{(a-n)a}{2b}-\frac{a}{2}\left(\frac{a}{2b}+\frac{c}{2d}\right)\right]+(1-x)\left[\frac{(a-n)a}{2b}-\frac{a}{2}\left(\frac{a}{2b}+\frac{c}{2d}\right)\right] \quad (5.32)$$

当民航选择竞争时，其预期收益可以表示为：

$$U_{AL}^{e}=x\left[\frac{(a-n)a}{b}-a\left(\frac{a}{b}+\frac{c}{d}\right)\right]+(1-x)\left[\frac{(a-n)a}{b}-\frac{a}{2}\left(\frac{a}{b}+\frac{c}{d}\right)\right] \quad (5.33)$$

当 $U_{AH}^{e}\geqslant U_{AL}^{e}$ 时，民航的最优策略为合作，当 $U_{AH}^{e}<U_{AL}^{e}$ 时，民航的最优策略为竞争。当高铁选择合作时，其预期收益为：

$$U_{GH}^{e}=y\left[\frac{(c-m)c}{2d}-\frac{c}{2}\left(\frac{a}{2b}+\frac{c}{2d}\right)\right]+(1-y)\left[\frac{(c-m)c}{2d}-\frac{c}{2}\left(\frac{a}{2b}+\frac{c}{2d}\right)\right] \quad (5.34)$$

当高铁选择竞争时，其预期收益为：

$$U_{GL}^{e}=y\left[\frac{(c-m)c}{d}-c\left(\frac{a}{b}+\frac{c}{d}\right)\right]+(1-y)\left[\frac{(c-m)c}{d}-c\left(\frac{a}{b}+\frac{c}{d}\right)\right] \quad (5.35)$$

当 $U_{HG}^{e}\geqslant U_{LG}^{e}$ 时，高铁的最优策略为合作，当 $U_{GH}^{e}<U_{GL}^{e}$ 时，高铁的最优策略为竞争。

根据上述分析，当 $U_{AH}^{e}\geqslant U_{AL}^{e}$ 和 $U_{GH}^{e}\geqslant U_{GL}^{e}$ 同时成立时，高铁民航的均衡策略为(合作，合作)；当 $U_{HG}^{e}\geqslant U_{LG}^{e}$ 和 $U_{AH}^{e}<U_{AL}^{e}$ 同时成立时，高铁民航的均衡策略为(合作，竞争)；当 $U_{GH}^{e}<U_{GL}^{e}$ 和 $U_{AH}^{e}\geqslant U_{AL}^{e}$ 同时成立时，高铁民航的均衡策略为(竞争，合作)；当 $U_{GH}^{e}<U_{GL}^{e}$ 和 $U_{AH}^{e}<U_{AL}^{e}$ 成立时，高铁民航的均衡策略为(竞争，竞争)。

(2)基于距离维度

根据式(5.7)～式(5.10)，还可以得到高铁民航的效用函数的一般形式：

$$U_i=P_iQ_i-C(Q_i) \quad (5.36)$$

结合式(5.5)～式(5.6)以及式(5.12)～式(5.13)，可以得到高铁民航效用最大化的一般表示形式为：

$$U_i=[\psi_i-\eta_i(Q_i+Q_{-i})]Q_i-\xi_iQ_i=-\eta_iQ_i^2+(\psi_i-\xi_i)Q_i-\eta_iQ_iQ_{-i} \quad (5.37)$$

其中，$Q_{-i}$ 表示博弈对立方的供给量，如图5.2所示。

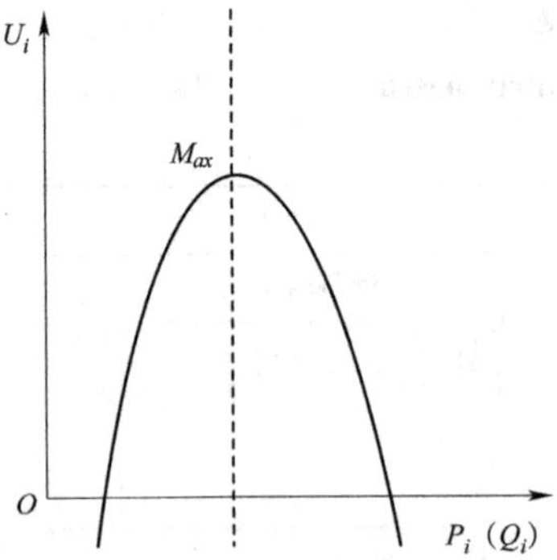


图5.2　高铁民航效用最大化点

Fig. 5.2　Maximize the utility of high-speed rail and civil aviation

由图5.2可以直观地看出，高铁民航可以通过调整价格，来分担更多的市场份额，进而实现最大化的收益。在出行市场上仅存在两种类型的出行方式，于是，对于任意距离区间有

$$p_A + p_G = 1 \tag{5.38}$$

进而，可以得到，在某一距离区间 $d$ 内，市场上出行总量 $Q_d$，高铁民航的分担份额分别为：

$$Q_G = p_G Q_d, Q_A = p_A Q_d \tag{5.39}$$

此时，式(5.39)可以展开为：

$$U_A = P_A \cdot p_A \cdot Q_d - C(p_A \cdot Q_d) \tag{5.40}$$

$$U_G = P_G \cdot p_G \cdot Q_d - C(p_G \cdot Q_d) \tag{5.41}$$

其中，$U_A$、$p_A$ 受到民航价格策略的影响，$U_G$、$p_G$ 受到高铁价格策略的影响，表5.2可以表示为如表5.3所示。

**距离 $d$ 内高铁民航博弈矩阵的基本形式**　表5.3

**The payment matrix of high-speed rail and civil aviation game in $d$ distance**　Tab. 5.3

| 博弈双方 | | 民航 | |
|---|---|---|---|
| | | 合作 | 竞争 |
| 高铁 | 合作 | $(P_A^H \cdot p_A^H \cdot Q_d, P_G^H \cdot p_G^H \cdot Q_d)$ | $(P_A^H \cdot p_A^H \cdot Q_d, P_G^L \cdot p_G^L \cdot Q_d)$ |
| | 竞争 | $(P_A^L \cdot p_A^L \cdot Q_d, P_G^H \cdot p_G^H \cdot Q_d)$ | $(P_A^L \cdot p_A^L \cdot Q_d, P_G^L \cdot p_G^L \cdot Q_d)$ |

由于高铁民航主要是通过价格调整来实现对市场份额的分担，于是，将式(5.12)和式(5.13)表示为价格的函数 $[Q_d = (\psi_A - P_A)/\eta_A]$：

$$U_A = P_A \cdot p_A \cdot \frac{\psi_A - P_A}{\eta_A} - \xi_A \cdot p_A \cdot \frac{\psi_A - P_A}{\eta_A} \tag{5.42}$$

$$U_G = P_G \cdot p_G \cdot \frac{\psi_G - P_G}{\eta_G} - \xi_G \cdot p_A \cdot \frac{\psi_G - P_G}{\eta_G} \tag{5.43}$$

将 $P_A^H$、$P_A^L$、$P_G^H$ 和 $P_G^L$ 代入式(5.32)～式(5.35)可以得到

$$U_A^H = (P_A^H - \xi_A) \cdot p_A^H \cdot \frac{\psi_A - P_A^H}{\eta_A} \tag{5.44}$$

$$U_A^L = (P_A^L - \xi_A) \cdot p_A^L \cdot \frac{\psi_A - P_A^L}{\eta_A} \tag{5.45}$$

$$U_G^H = (P_G^H - \xi_G) \cdot p_G^H \cdot \frac{\psi_G - P_G^H}{\eta_G} \tag{5.46}$$

$$U_G^L = (P_G^L - \xi_G) \cdot p_G^L \cdot \frac{\psi_G - P_G^L}{\eta_G} \tag{5.47}$$

当民航采用合作策略时，旅客选择乘坐民航出行获得效用为 $U_A^{cH}$；当民航采用竞争策略时，旅客乘坐民航获得效用为 $U_A^{cL}$；当高铁采用合作策略时，旅客乘坐高铁获得效用为 $U_G^{cH}$；当高铁采用竞争策略时，旅客乘坐高铁获得的效用为 $U_G^{cL}$。于是民航采取合作策略时，其市场分担比例可能为 $p_A^H = \frac{e^{U_A^{cH}}}{e^{U_A^{cH}} + e^{U_G^{cH}}}$ 或 $p_A^H = \frac{e^{U_A^{cH}}}{e^{U_A^{cH}} + e^{U_G^{cL}}}$，民航采取竞争策略事，其市场分担比例可能为 $p_A^L = \frac{e^{U_A^{cL}}}{e^{U_A^{cL}} + e^{U_G^{cH}}}$ 或 $p_A^L = \frac{e^{U_A^{cL}}}{e^{U_A^{cL}} + e^{U_G^{cL}}}$。类似的，当高铁采取合作策略时，其市场分担比例可能为 $p_G^H = \frac{e^{U_G^{cH}}}{e^{U_A^{cH}} + e^{U_G^{cH}}}$ 或 $p_G^H = \frac{e^{U_G^{cH}}}{e^{U_G^{cH}} + e^{U_A^{cL}}}$，当高铁采取竞争策略时，其市场分担比例可能为 $p_G^L = \frac{e^{U_G^{cL}}}{e^{U_A^{cH}} + e^{U_G^{cL}}}$ 或 $p_G^L = \frac{e^{U_G^{cL}}}{e^{U_A^{cL}} + e^{U_G^{cL}}}$，于是表 5.3 可以表示为如表5.4所示。

**距离 $d$ 内高铁民航 Bertrand 博弈支付矩阵**　　表 5.4

**Bertrand game payment matrix for civil aviation and high-speed rail in $d$ distance**　　Tab. 5.4

| 博弈双方 | | 民航 | |
|---|---|---|---|
| | | 合作($y$) | 竞争($1-y$) |
| 高铁 | 合作($x$) | $\left[(P_G^H-\zeta_G)\cdot\frac{e^{U_G^{cH}}}{e^{U_A^{cH}}+e^{U_G^{cH}}}\cdot\frac{\psi_G-P_G^H}{\eta_G},\ (P_G^H-\zeta_G)\cdot\frac{e^{U_G^{cH}}}{e^{U_G^{cH}}+e^{U_G^{cH}}}\cdot\frac{\psi_A-P_A^H}{\eta_A}\right]$ | $\left[(P_G^H-\zeta_G)\cdot\frac{e^{U_G^{cH}}}{e^{U_G^{cH}}+e^{U_A^{cL}}}\cdot\frac{\psi_G-p_G^H}{\eta_G},\ (P_A^L-\zeta_A)\cdot\frac{e^{U_A^{cL}}}{e^{U_A^{cL}}+e^{U_G^{cH}}}\cdot\frac{\psi_A-P_A^L}{\eta_A}\right]$ |
| | 竞争($1-x$) | $\left[(P_G^L-\zeta_G)\cdot\frac{e^{U_G^{cL}}}{e^{U_A^{cH}}+e^{U_G^{cL}}}\cdot\frac{\psi_G-P_G^L}{\eta_G},\ (P_A^H-\zeta_A)\cdot\frac{e^{U_A^{cH}}}{e^{U_A^{cH}}+e^{U_G^{cL}}}\cdot\frac{\psi_A-P_A^H}{\eta_A}\right]$ | $\left[(P_G^L-\zeta_G)\cdot\frac{e^{U_G^{cL}}}{e^{U_A^{cL}}+e^{U_G^{cL}}}\cdot\frac{\psi_G-p_G^L}{\eta_G},\ (P_A^L-\zeta_A)\cdot\frac{e^{U_A^{cL}}}{e^{U_A^{cL}}+e^{U_G^{cL}}}\cdot\frac{\psi_A-P_A^L}{\eta_A}\right]$ |

表 5.4 描述了高铁和民航采取伯特兰德博弈时，高铁和民航获得的效用。根据表 5.4，在空间距离 $d$ 内，民航选择合作时，其预期收益为：

$$U_{AH}^{de} = x\left[(P_A^H - \xi_A)\cdot\frac{e^{U_A^{cH}}}{e^{U_A^{cH}} + e^{U_G^{cH}}}\cdot\frac{\psi_A - P_A^H}{\eta_A}\right] + (1-x)\left[(P_A^H - \xi_A)\cdot\frac{e^{U_A^{cH}}}{e^{U_A^{cH}} + e^{U_G^{cL}}}\cdot\frac{\psi_A - P_A^H}{\eta_A}\right] \tag{5.48}$$

当民航选择竞争时，其预期收益可以表示为：

$$U_{AL}^{de} = x\left[(p_G^L - \zeta_A)\frac{e^{U_A^{cL}}}{e^{U_A^{cL}} + e^{U_G^{cH}}}\cdot\frac{\psi_A - p_A^L}{\eta_A}\right] + (1-x)\left[(p_G^L - \zeta_A)\frac{e^{U_G^{cL}}}{e^{U_A^{cL}} + e^{U_G^{cL}}}\cdot\frac{\psi_A - p_A^L}{\eta_A}\right] \tag{5.49}$$

当 $U_{AH}^{de} \geqslant U_{AL}^{de}$ 时，民航的最优策略为合作，当 $U_{AH}^{de} < U_{AL}^{de}$ 时，民航的最优策略为竞争。

当高铁选择合作时，其预期收益为：

$$U_{GH}^{de} = y\left[(P_G^H - \xi_G)\cdot\frac{e^{U_G^{cH}}}{e^{U_A^{cH}} + e^{U_G^{cH}}}\cdot\frac{\psi_G - P_G^H}{\eta_G}\right] + (1-y)\left[(P_G^H - \xi_G)\cdot\frac{e^{U_G^{cH}}}{e^{U_G^{cH}} + e^{U_A^{cL}}}\cdot\frac{\psi_G - P_G^H}{\eta_G}\right] \tag{5.50}$$

当高铁选择竞争时，其预期收益为：

$$U_{GL}^{de} = y\left[(P_G^L - \xi_G)\cdot\frac{e^{U_G^{cL}}}{e^{U_A^{cH}} + e^{U_G^{cL}}}\cdot\frac{\psi_G - P_G^L}{\eta_G}\right] + (1-y)\left[(P_G^L - \xi_G)\cdot\frac{e^{U_G^{cL}}}{e^{U_A^{cL}} + e^{U_G^{cL}}}\cdot\frac{\psi_G - P_G^L}{\eta_G}\right] \tag{5.51}$$

当 $U_{HG}^{de} \geqslant U_{LG}^{de}$ 时，高铁的最优策略为合作，当 $U_{HG}^{de} < U_{LG}^{de}$ 时，高铁的最优策略为竞争。

根据上述分析，当 $U_{AH}^{de} \geqslant U_{AL}^{de}$ 和 $U_{HG}^{de} \geqslant U_{LG}^{de}$ 同时成立时，高铁民航的均衡策略为（合作，合作）；当 $U_{HG}^{de} \geqslant U_{LG}^{de}$ 和 $U_{AH}^{de} < U_{AL}^{de}$ 同时成立时，高铁民航的均衡策略为（合作，竞争）；当 $U_{HG}^{de} \geqslant U_{LG}^{de}$ 和 $U_{AH}^{de} \geqslant U_{AL}^{de}$ 同时成立时，高铁民航的均衡策略为（竞争，合作）；当 $U_{HG}^{de} < U_{LG}^{de}$ 和 $U_{AH}^{de} < U_{AL}^{de}$ 成立时，高铁民航的均衡策略为（竞争，竞争）。

## 5.2 仿真及结果分析

### 5.2.1 主要参数确定

本节对游客、公务商务、返工返学三类旅客进行仿真分析。

在这里，我们利用第4章得到的表4.6和表4.7中参数估计值，设定为此处的高铁民航的游客旅客、公务商务旅客和返工返学旅客出行选择行为实惠、准时、舒适、便捷和安全五大偏好的参数值。

根据丁金学等（2013）对高铁和民航在不同距离上的市场分担研究可知，分担率曲线法、节省时间价值法、Robust 系数法等都可以用于分析高铁和民航的市场分担比率[66]。本研究试图通过旅客的效用函数确定高铁和民航在不同距离上的市场分担情况，采用 Logit 分担模型法。根据表4.6和表4.7中参数的设定，通过数值模拟得到高铁和民航在不同视角下不同距离下的市场分担比例，如图5.3、图5.5、图5.7所示。本章将高铁和民航的竞争博弈区间划分为绝对优势区间（Absolute Dominance Interval）、相对优势区间（Relative Dominance Interval）和竞争区间（Contention Zone）。将民航（高铁）市场分担份额超过90%的区间成为绝对优势区间，在这一区间内，高铁（民航）要提高其市场承担份额，需要支付较高的成本；将民航（高铁）市场分担额介于70%~90%的区间成为相对优势区间，这一区间内，高铁（民航）支付相对较小的成本便可以获取更多的市场份额；民航（高铁）的市场分担份额介于30%~70%的区间是高铁民航竞争激烈的区间。

### 5.2.2　游客旅客视角下的结果分析

图 5.3 表示的是在参数设置完备之后的根据距离变化和票价变化从而得到的游客旅客视角下高铁民航分担比例的变化曲线。根据图 5.3 可知,在距离一定的情况下分担比例总体是 100%,也就是说高铁民航各自分担比例相加为 1。由图 5.3 可以清晰地看到,随着距离的变化,高铁民航的曲线以纵坐标 0.5 为对称轴一样进行上下的对称变化,高铁趋于降低,民航趋于上升。高铁从最初接近 1 的比例到最后的 1500km 时近乎为 0;而民航则恰恰相反。

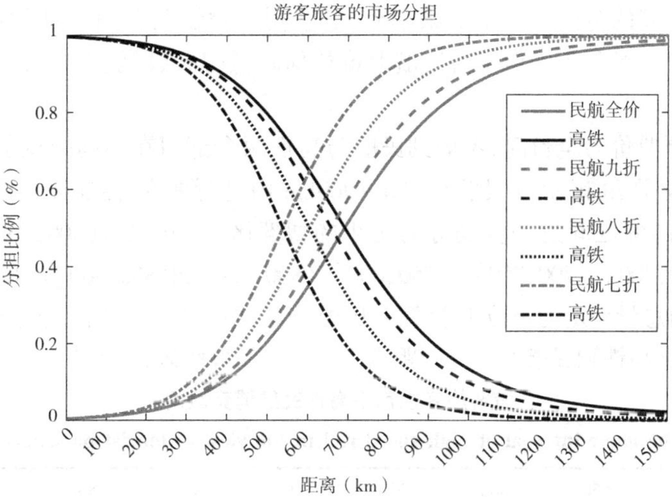


图 5.3　游客旅客视角下高铁民航的市场分担曲线

Fig. 5.3　Market sharing curve of civil aviation and high speed rail from the perspective of tourist travelers

在高铁民航全价的情况下,我们可以看出游客旅客视角下高铁民航各自的优势距离区间,高铁在出行距离低于 500km 时优势明显,而民航在出行距离大于 900km 时优势巨大。高铁民航的主要竞争区间处在 500 ~ 900km。在这一阶段高铁民航各会采取一些措施提升自身竞争力。

游客旅客通常是在节假日出行,对于出行方式的快速性虽然没有商务出行旅客要求那么高,但由于游客规划时间有限,对出行方式速度这一因素较为看重;且在出行过程中,旅客并不希望在交通工具上花销太多,对于出行方式的经济性也较为看重;旅客更希望出行方式的舒适程度比较高,便于下一步的出游计划,但旅客也可能因为经济因素的限制而选择舒适度相对较差的出行方式;安全性是一切出行的前提,近年来高铁民航的安全性均较高,无论是哪种视角下的旅客均不影响其选择;就便捷性而言,游客旅客希望出行方式之间的接驳、换乘时间较短,但出于经济性的角度考虑,游客旅客可能会选择牺牲掉一部分便捷性。基于以上游客旅客的特性,在高铁民航分担曲线图中,可以得知高铁民航在中长距离竞争激烈。相较公务商务旅客在的竞争区间,游客旅客视角下高铁民航进入竞争区间的距离较长；而相对于返工返学旅客，游客旅客视角下高铁民航进入竞争区间的距离较短，是由于游客旅客对各个因素的综合考虑得出该分担图。

当民航的票价出现变化时，随着民航票价的降低，高铁的优势区间被缩减，民航的优势区间增加，分担曲线向左偏移。在游客旅客视角下，在民航9折的情况时，高铁民航的主要竞争区间在450－850km；在民航8折的情况下，高铁民航的主要竞争区间在400～800km；在民航7折的情况下，高铁民航的竞争区间在300～700km。由于游客旅客对于经济性较为看重，在民航打折时，游客旅客在更短的距离内开始选择民航，因此高铁民航的竞争区间向左偏移。由图5.3可知，高铁的价格优势十分重要，在民航全价时，高铁才能保持其优势区间的范围。但是如果遇到民航打折的情况，此时高铁的优势不再存在，民航将重新主导市场分担。但不管民航票价如何降低，高铁民航都会有一段激烈争夺市场分担的区间。

在高铁民航票价为全价时，考虑到民航与高铁两个部门在不同的竞争区间内的比较优势，在游客旅客视角下，高铁民航在500～900km内进行博弈，需要充分考虑距离对博弈行为的影响，将博弈区间进一步划分为更小的博弈区间，分别为(500,550]、(550,600]、(600,650]、(650,700]、(700,750]、(750,800]、(800,850]和(850,900]。在博弈设定中，本研究将市场运输总量设定为单位1，高铁和民航分担的运量则为其在运输市场上的分担比例，于是我们得到高铁和民航在不同的距离区间内的博弈矩阵，如表5.5所示。

**游客旅客视角下高铁民航博弈区间** 表5.5

**The game interval of high speed rail in the view of tourist passengers** Tab.5.5

| 距离(km) | 500 | 550 | 600 | 650 | 700 | 750 | 800 | 850 | 900 |
|---|---|---|---|---|---|---|---|---|---|
| 民航 | 0.2341 | 0.3103 | 0.3963 | 0.4869 | 0.5759 | 0.6579 | 0.7293 | 0.7886 | 0.8362 |
| 高铁 | 0.7659 | 0.6897 | 0.6037 | 0.5131 | 0.4241 | 0.3421 | 0.2707 | 0.2114 | 0.638 |

图5.4和图5.5是在游客旅客视角下高铁和民航在不同距离下采取竞争和合作的策略而产生的收益变化曲线。根据图5.5可以分析得出，民航在距离低于500km时市场分担小，竞争和合作策略的收益差异较小，收益整体也较低；在500～900km距离区间内高铁民航竞争激烈，民航可以通过调整价格获取更多的市场分担，以增加收益，且采取竞争所获得的收益略大于采取合作策略，且随着距离的增长民航的收益也不断提升；距离大于900km的区间是民航的优势区间，在该区间内民航市场分担率大，无论是竞争还是合作所收获的利益都很高，价格调整对市场分担的增加有限，且在该区间内，民航采取竞争并没有增加利益，反而导致了利润降低。

根据图5.5进行分析可知，在距离低于500km时高铁优势明显，高铁分担率大，在该区间内高铁采取竞争策略相较合作策略可以获得更多收益，且差距明显，在该区间内高铁可以通过采取竞争的方式调整价格获取更高的市场分担，获取更高的收益；500～900km高铁民航竞争激烈的区间，高铁可以通过调整价格改变策略来获取更高的市场分担,获取更高收益;距离大于900km是高铁的弱势区间,市场分担小,价格调整对分担变化影响不大,且采取竞争策略的收益低于采取合作策略。

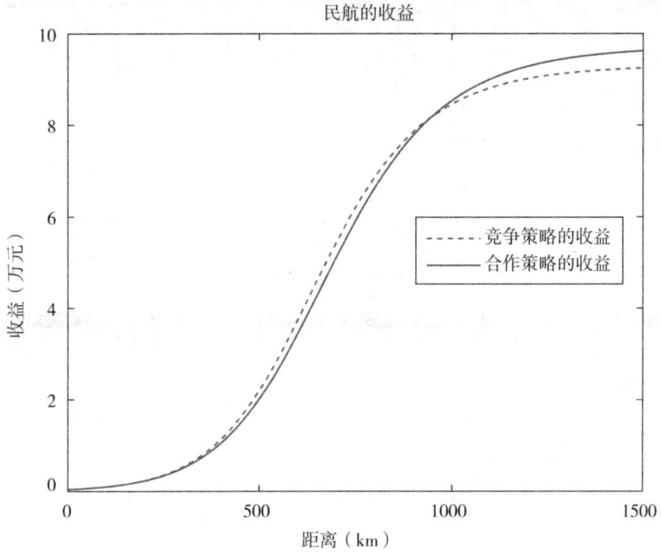


图5.4　游客旅客视角下民航收益图

Fig. 5.4　The income map of civil aviation from the perspective of tourist travelers

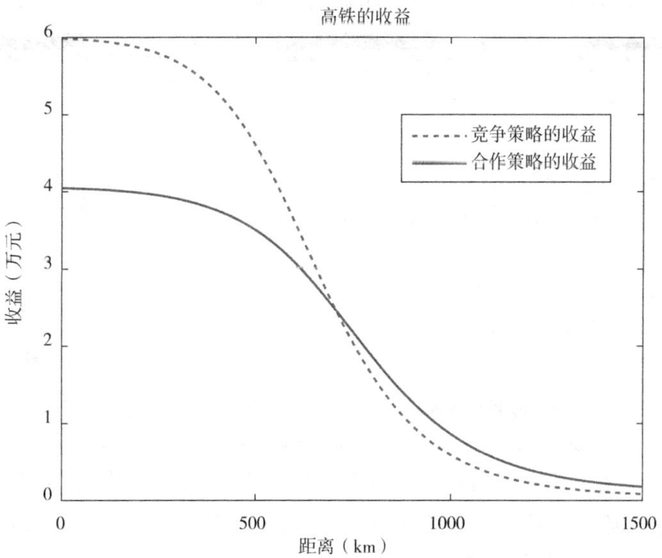


图5.5　游客旅客视角下高铁收益图

Fig. 5.5　The income map of high speed rail from the perspective of tourist travelers

根据上述所分化的距离区间,对游客旅客视角下不同距离区间内的高铁民航进行博弈,表示在初始状态下自由发展之后高铁民航的策略走向,0表示趋向于合作,1表示趋向于竞争。经过演化,得到结果如图 5.6 所示。

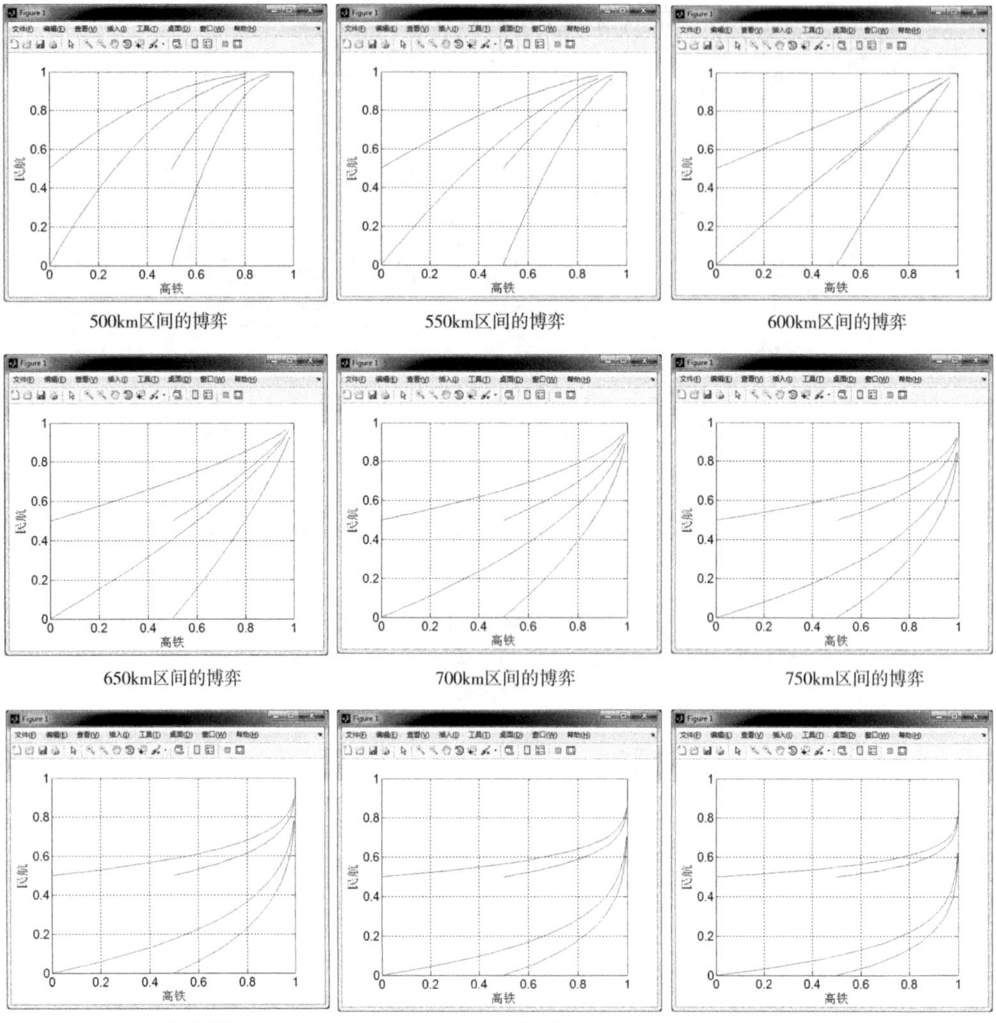


图 5.6　游客旅客视角下高铁民航在 500 ~ 900km 区间的博弈

Fig. 5.6　The game of civil aviation and Gaotie Civil aviation in 500-900km interval from the perspective of tourist travelers

从图 5.6 可知,在 500 ~ 550km 时,高铁相比民航更趋向于合作,民航更趋向于竞争,在 600km 时双方的竞争合作意愿趋近一致,从 650km 开始,高铁开始趋向竞争,而民航趋向于合作,且高铁趋向于竞争的意愿随着距离的增加而增加。且无论在哪个距离,在没有外界因素的干扰下,高铁民航的竞争概率都趋向于 1,这代表着高铁民航最后会进入(竞争,竞争)的博弈关系。

通过对博弈矩阵以及博弈演化进行分析,由博弈矩阵可知,在游客旅客视角下,高铁民航双方不管在哪个距离下的博弈都是合作与合作双方才能获得最大收益，而通过对图5.6双方博弈演化分析可以看出，如果随着高铁民航市场自由演化的话，不论起点如何，双方最终都会进入恶性竞争。

### 5.2.3 公务商务旅客视角下的结果分析

图5.7表示的是在参数设置完备之后的根据距离变化以及票价变化从而得到的公务商务旅客视角下高铁民航分担比例的变化曲线。根据图5.7所示，在民航以及高铁均为全价时，在公务商务游客旅客视角下高铁在出行距离低于300km时优势明显，而民航在出行距离大于800km时优势巨大。高铁民航各自的优势距离区间，高铁民航的主要竞争区间处在300～800km。在这一阶段高铁民航各会采取一些措施提升自身竞争力。

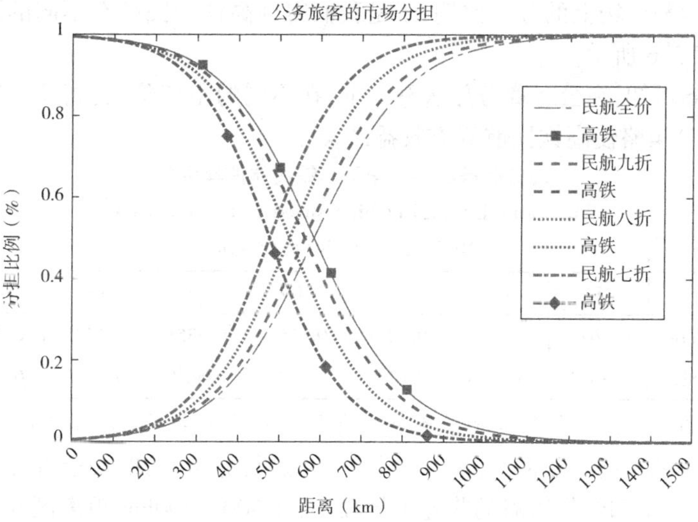


图5.7 公务商务旅客视角下高铁民航的市场分担曲线

Fig. 5.7 Market sharing curve of civil aviation high speed rail from the perspective of official and business travelers

公务商务旅客出行的目的通常是出差，为争取时间，对于出行方式的快速性要求高；且公务商务旅客通常是公费出行，对于出行方式的经济性并不看重；公务商务旅客更希望出行方式的舒适程度比较高，便于接下来的办公；公务商务旅客希望出行方式之间的接驳、换乘时间较短节省时间，对出行方式的便捷性的要求也很高。如出行距离600km时，民航已具有显著优势，因为公务商务旅客对经济性不看重，而更看重出行方式的速度等因素。且在高铁民航分担曲线图中，可以得知高铁民航在中长距离竞争激烈。然而相较游客旅客和返工返学旅客视角下的分担图的竞争区间，公务商务视角下高铁民航进入竞争区间的距离较短。当民航的票价出现变化时，随着民航票价的降低，高铁的优势区间被缩减，民航的优势区间增加，分担曲线向左偏移。

在公务商务旅客视角下，在民航9折的情况时，高铁民航的主要竞争区间在500～

700km;在民航 8 折的情况下,高铁民航的主要竞争区间在 450 ~ 650km;在民航 7 折的情况下,高铁民航的竞争区间在 350 ~ 550km。因为公务商务旅客对于经济性不太看重,高铁民航竞争区间的偏移较游客旅客以及返工返学旅客范围较小。然而高铁的仍需保持其价格优势,在民航全价时,高铁才能保持其优势区间的范围。但是如果遇到民航打折的情况,此时高铁的优势不再存在,民航将重新主导市场分担。但不管民航票价如何降低,高铁民航都会有一段激烈争夺市场分担的区间。

在高铁民航均为全价时,在公务商务旅客视角下,高铁民航在 300 ~ 700km 内进行博弈,需要充分考虑距离对博弈行为的影响,将博弈区间进一步划分为更小的博弈区间,分别为(300,350]、(350,400]、(400,450]、(450,500]、(500,550]、(550,600]、(600,650]和(650,700]。在博弈设定中,本研究将市场运输总量设定为单位 1,高铁和民航分担的运量则为其在运输市场上的分担比例,于是我们得到高铁和民航在不同的距离区间内的博弈矩阵,如表 5.6 所示。

根据表 5.6 可知,在公务商务旅客视角下,在不同的距离阶段,高铁民航在进行博弈时,(合作,合作)策略使高铁民航双方收益最大。

**公务商务旅客视角下高铁民航博弈区间** 表 5.6

**The game interval of high speed rail in the view of official and business travelers** Tab. 5.6

| 距离(km) | 300 | 350 | 400 | 450 | 500 | 550 | 600 | 650 | 700 |
|---|---|---|---|---|---|---|---|---|---|
| 民航 | 0.1118 | 0.1647 | 0.2354 | 0.3241 | 0.4266 | 0.5351 | 0.6395 | 0.7315 | 0.8065 |
| 高铁 | 0.8882 | 0.8353 | 0.7646 | 0.6759 | 0.5734 | 0.4649 | 0.3605 | 0.2685 | 0.1935 |

图5.8 和图5.9 是在公务商务旅客视角下民航以及高铁在不同的距离下采取竞争和合作策略所产生的不同收益曲线图。根据图 5.9 进行分析可知,民航在距离小于 300km 时市场分担小,竞争和合作策略的收益差异较小;在 300 ~ 700km 距离区间内高铁民航竞争,民航在该区间可以通过调整价格获取更多的市场分担,增加收益,且采取竞争策略所获得的收益略大于采取合作策略;距离大于 700km 是民航的优势区间,民航分担率大,在该区间内价格调整对市场分担的增加有限,在公务商务视角下,民航的优势区间变得比其他两视角下要大,这说明,民航在公务视角下优势十分明显,然而竞争并没有增加利益,反而导致了利润降低,采取合作策略获得的收益较高。

对图 5.9 进行分析可知,距离小于 300km 的区间是高铁的优势区间,高铁分担率大,在这一区间高铁民航竞争不激烈,高铁可以通过采取竞争的方式调整价格获取更高的市场分担,获取更高的收益;而 300 ~ 700km 区间是高铁民航竞争最激烈的区间,高铁可以通过调整价格获取更多的市场分担,增加收益;距离大于 700km 是高铁的弱势区间,在这一区间内高铁的市场分担小,价格调整对分担变化影响不大,竞争反而导致了更少的收益。尤其是在公务视角下,高铁的劣势被扩大,但是仍然要选择合作才能提高利润。

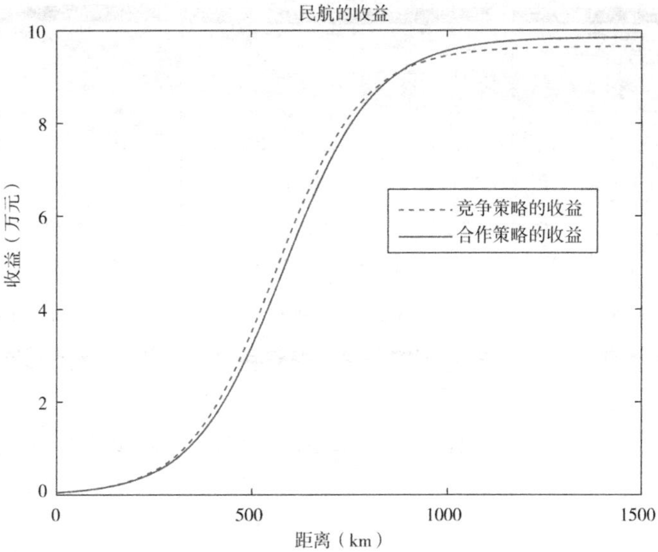


图5.8　公务商务旅客视角下民航收益图

Fig. 5.8　The income map of civil aviation from the perspective of official and business travelers

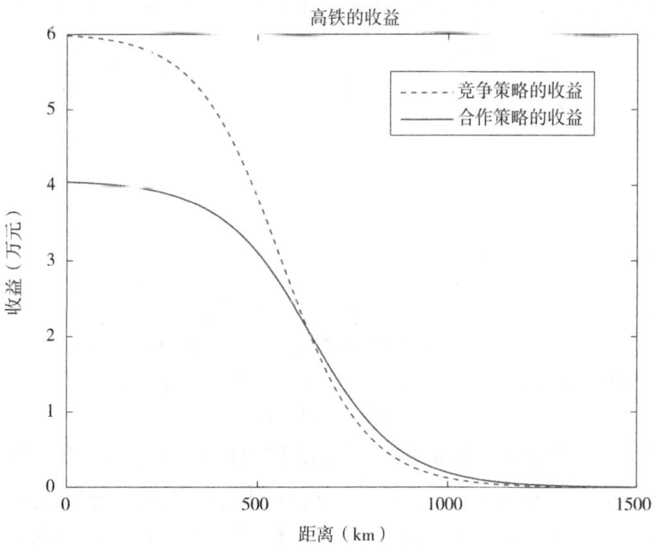


图5.9　公务商务旅客视角下高铁收益图

Fig. 5.9　The income map of high speed rail from the perspective of official and business travelers

根据上述所分化的距离区间，对公务商务视角下不同距离区间内的高铁民航进行博弈，表示在初始状态下自由发展之后高铁民航的策略走向，0 表示趋向于合作，1 表示趋向于竞争。经过演化，得到结果如图 5.10 所示。

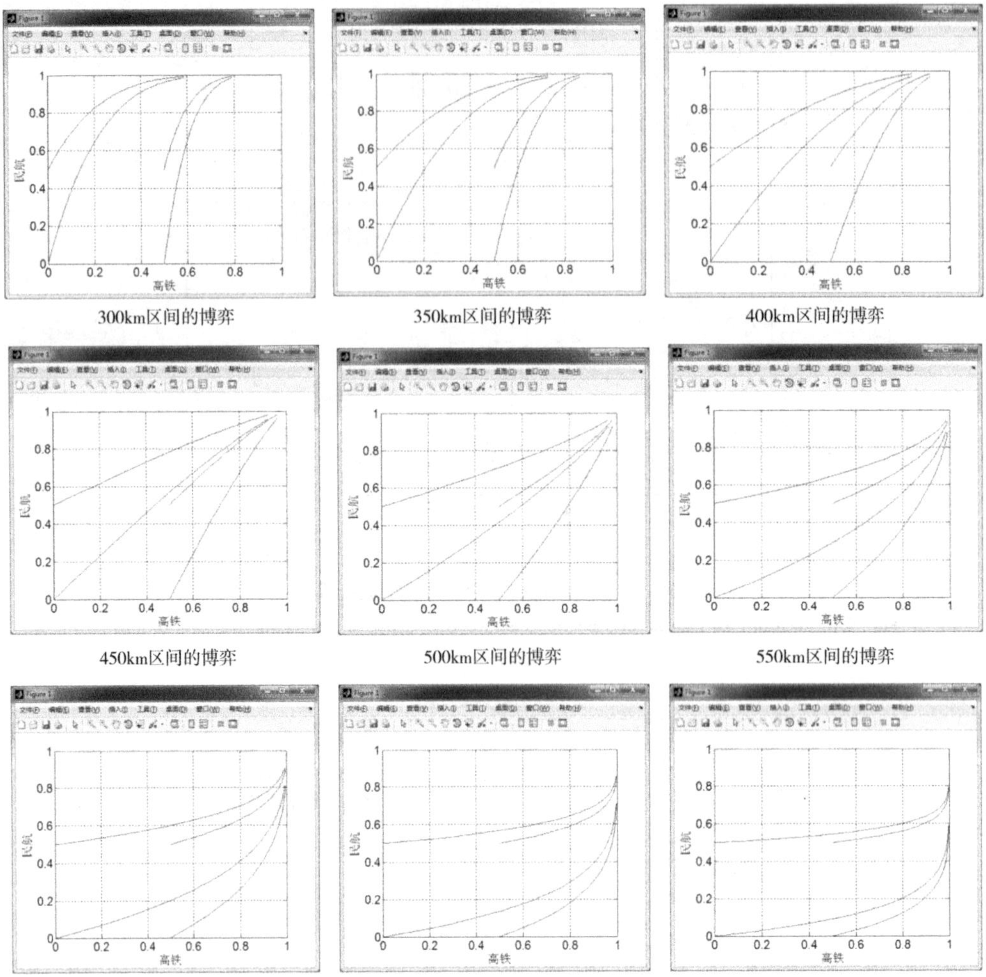


300km区间的博弈　350km区间的博弈　400km区间的博弈

450km区间的博弈　500km区间的博弈　550km区间的博弈

600km区间的博弈　650km区间的博弈　700km区间的博弈

图 5.10　公务商务旅客视角下高铁民航在 300 ~ 700km 区间的博弈

Fig. 5.10　The game of civil aviation and Gaotie Civil aviation in 300-700km interval from the perspective of official and business travelers

由图 5.10 可知，在 300 ~ 400km 区间内，高铁更趋向于合作，而民航更趋向于竞争，且在短距离时，民航选择竞争的概率较大，随着距离的增加，民航逐渐趋向于合作，在 450km 处，高铁民航双方的竞争合作意愿趋于一致，随着距离的进一步增长，高铁开始趋向于竞争而民航更趋向于合作，且随着距离的增加，高铁趋向于竞争的意愿增加。在没有外界干扰使高铁民航博弈自由演化的结果是双方竞争的概率均为 1，双方选择的博弈策略为（竞争，竞争）。

根据上述分析可知，在公务商务旅客视角下，高铁民航双方不管在哪个距离下的博弈都是合作与合作才能获得最大收益，而通过对图 5.10 双方博弈演化分析可以看出，如果随着高铁民航自由演化的话,不论起点如何,双方最终都会进入恶性竞争。

### 5.2.4　返工返学旅客视角下的结果分析

图5.11为返工返学旅客视角下的高铁民航市场分担曲线。根据图5.11所示,在高铁民航均为全价时,在600~1100km内,高铁和民航的竞争较为激烈。

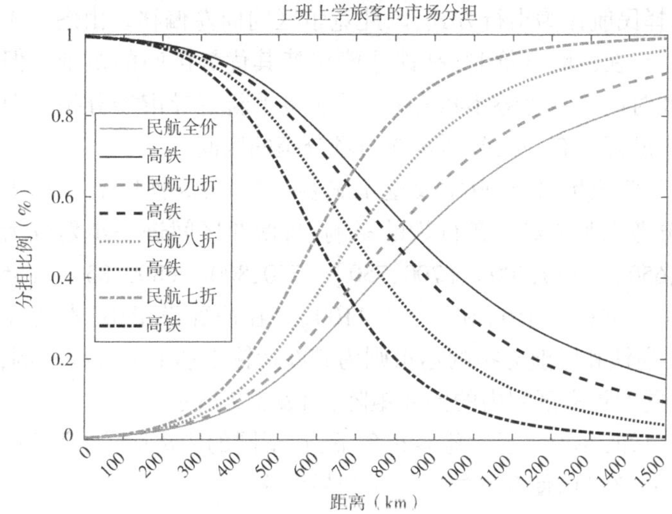


图5.11　返工返学旅客视角下高铁民航的市场分担曲线

Fig. 5.11　Market sharing curve of civil aviation high speed rail from the perspective of working and school travelers

在返工返学视角下,在高铁民航均为全价时,经过对数据的对比分析可以得到,出行距离在900km之前,高铁一直占据着分担比例优势,出行距离大于900km时,民航的份额明显上涨,高铁份额下降。这和我们前面所分析的结果相差不多,因为在旅客在考虑返工返学的时候,首先考虑的是价格,也就是经济因素,舒适度、便捷度以及速度重要度都要远远小于价格的重要程度。由图中可以看到,随着距离的变化,高铁的份额在不断减少,民航的份额在不断变大,这和高铁随距离变化的票价是有极大联系的,我们将出行距离在500km之内的称为高铁的绝对优势区域,500~900km称为高铁的相对优势区域,900~1300km称为民航的相对优势区域,1300km以上称为民航的绝对优势区域,可以发现,在高铁的绝对优势区域内,民航份额占比不到10%,这时候返工返学的旅客几乎都选择了高铁,而实际上也是高铁在短距离运输相比民航有价格优势,并且在途时间也短,有巨大优势。在500~1300km区间内,民航市场分担逐渐超过高铁,在这个过程中,随着高铁票价的提高,返工返学旅客的目光开始望向了民航,此时民航由于在价格上能和高铁分庭抗礼,于是民航的速度以及时间优势就体现了出来。由于返工返学选择的乘车时间比较自由,所以他们一定能够购买到心仪的票价。

当民航的票价出现变化时，随着民航票价的降低，高铁的优势区间被缩减，民航的优势区间增加，分担曲线向左偏移。在返工返学旅客视角下，在民航9折的情况时，高铁民航的主要竞争区间在600～1000km；在民航8折的情况下，高铁民航的主要竞争区间在500～900km；在民航7折的情况下，高铁民航的竞争区间在400～800km。基于返工返学旅客特性，由于返工返学旅客最重视经济性，所以在民航票价打折时，距离较近的返工返学旅客也开始选择民航作为出行方式，因此竞争区间向左偏移。由图5.11可知，高铁的价格优势十分重要，在民航全价时，高铁才能保持其优势区间的范围。但是如果遇到民航打折的情况，此时高铁的优势不再存在，民航将重新主导市场分担。但不管民航票价如何降低，高铁民航都会有一段激烈争夺市场分担的区间。

在高铁民航均为全价时，在返学及返工旅客视角下，高铁民航在600～1100km内进行博弈，需要充分考虑距离对博弈行为的影响，将博弈区间进一步划分为更小的博弈区间，分别为(600,650]、(650,700]、(700,750]、(750,800]、(800,850]、(850,900]、(900,950]、(950,1000]、(1000,1050]和(1050,1100]。在博弈设定中，本研究将市场运输总量设定为单位1，高铁和民航分担的运量则为其在运输市场上的分担比例，于是我们得到高铁和民航在不同的距离区间内的博弈矩阵，如表5.7所示。

根据表5.7可知，在返工返学旅客视角下，在不同的距离阶段，高铁民航在进行博弈时，(合作，合作)策略可以使双方的收益达到最大化。

**返学返工旅客视角下高铁民航博弈区间** 表5.7

**The game interval of high speed rail in the view of working and school travelers** Tab.5.7

| 距离(km) | 600 | 650 | 700 | 750 | 800 | 850 | 900 | 950 | 1000 | 1050 | 1100 |
|---|---|---|---|---|---|---|---|---|---|---|---|
| 民航 | 0.2354 | 0.2855 | 0.3384 | 0.3923 | 0.4455 | 0.4966 | 0.5445 | 0.5884 | 0.6281 | 0.6635 | 0.6949 |
| 高铁 | 0.7646 | 0.7145 | 0.6616 | 0.6077 | 0.5545 | 0.5034 | 0.4555 | 0.4116 | 0.3719 | 0.3365 | 0.3051 |

图5.12和图5.13是返工返学视角下民航及高铁在不同的距离下采取竞争和合作策略所产生的不同收益曲线图。根据图5.12可知，民航在距离小于600km的区间市场分担率低，竞争和合作策略的收益差异较小；600～1100km区间是高铁民航竞争激烈的区间，民航在这一区间可以通过调整价格获取更多的市场分担，增加收益，且在这一区间民航采取竞争策略获得的收益略大于合作策略；距离大于1100km是民航的优势区间，在这一区间民航的分担率大，对价格进行调整可增加的市场分担有限，竞争不仅没有增加利益，反而导致了利润降低。但在返工返学视角下，民航在长距离的优势显然没有其他两个视角下优势明显。

图5.13表明，在距离小于600km的区间高铁优势明显，高铁分担率高，高铁民航竞争不激烈，高铁可以通过采取竞争的方式调整价格获取更高的市场分担，获取更高的收益；在600～1100km是高铁民航竞争激烈的区间，可以通过调整价格改变策略来获取更

高的市场分担,获取更高收益;距离大于1100km的区间是高铁弱势区间,市场分担率低,价格调整对分担变化影响不大,竞争反而导致了更少的收益。但是在返工返学视角下,由于群体的青睐,导致高铁在长距离下的优势被增大,相比其他两个视角来说,高铁在长距离通过调整策略仍然有利可寻。

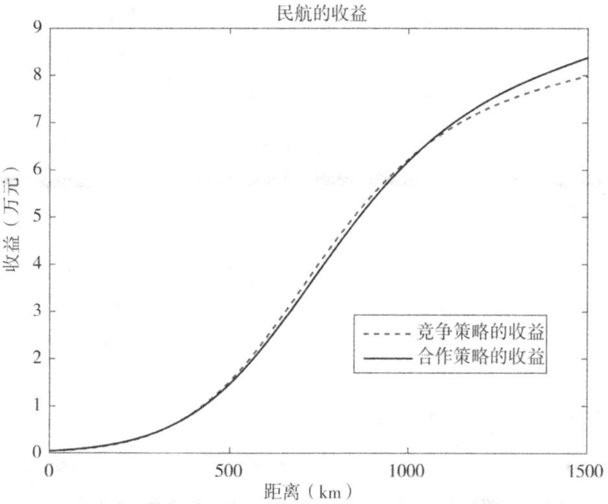


图5.12　返工返学旅客视角下民航收益图

Fig. 5.12　The income map of civil aviation from the perspective of working and school travelers

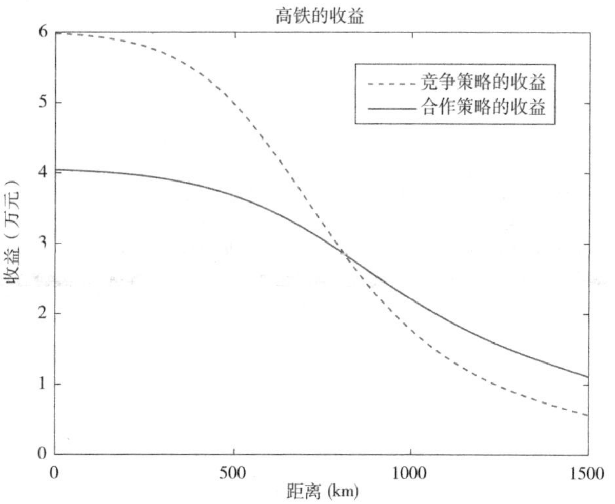


图5.13　返工返学旅客视角下高铁收益图

Fig. 5.13　The income map of high speed rail from the perspective of working and school travelers

根据上述所分化的距离区间,对返学返工视角下不同距离区间内的高铁民航进行博弈,表示在初始状态下自由发展之后高铁民航的策略走向,0表示趋向于合作,1表示趋向于竞争。经过演化,得到结果如图5.14所示。

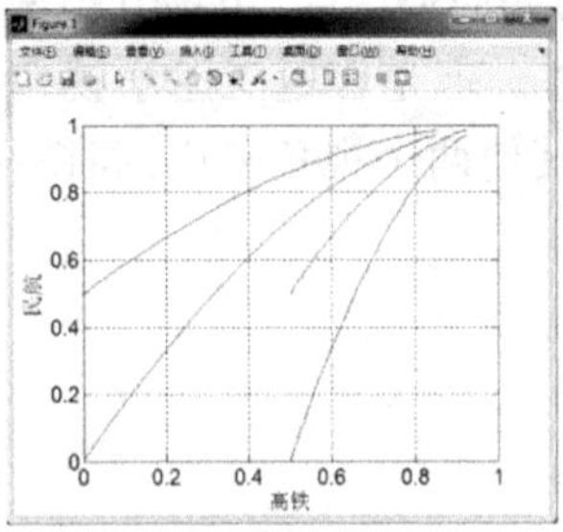


600km区间的博弈

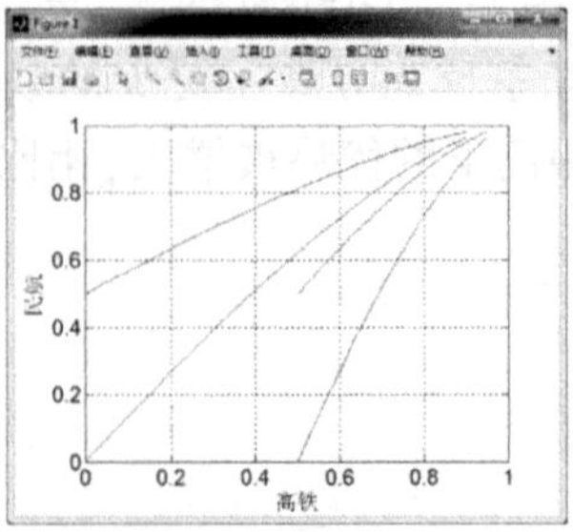


650m区间内的博弈

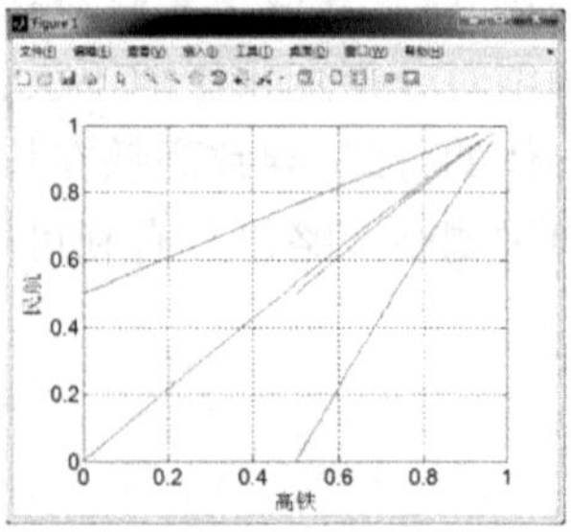


700m区间内的博弈

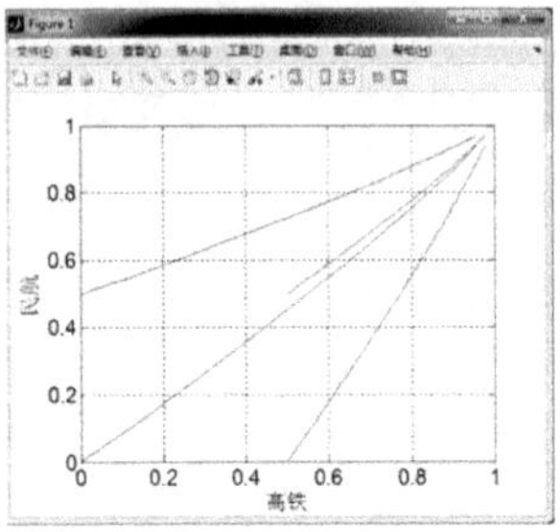


750km区间内的博弈

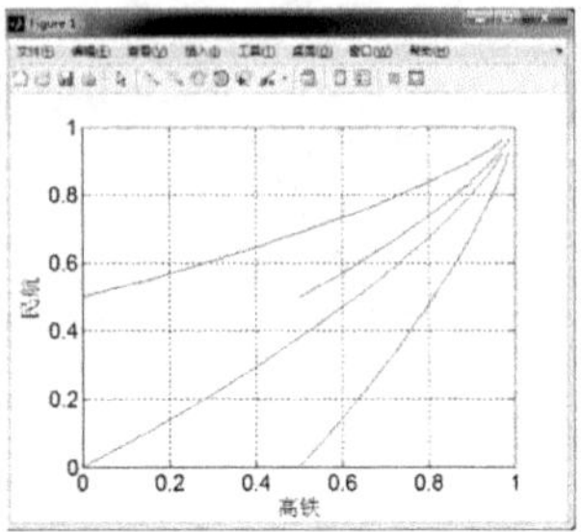


800km区间内的博弈

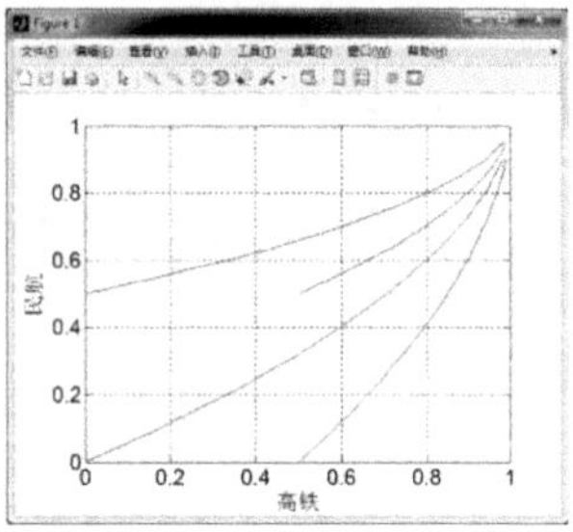


850km区间内的博弈

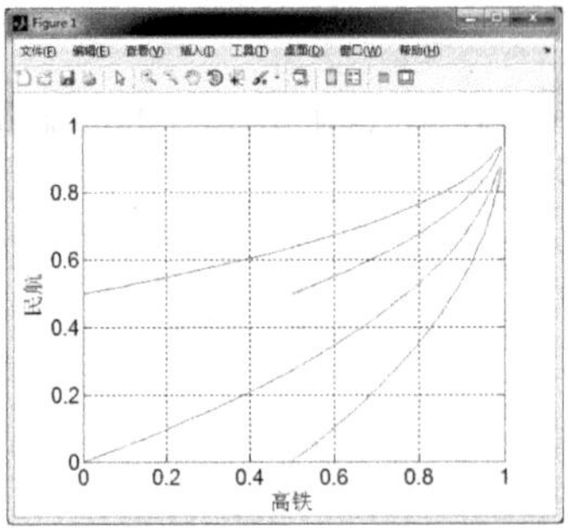


900km区间内的博弈

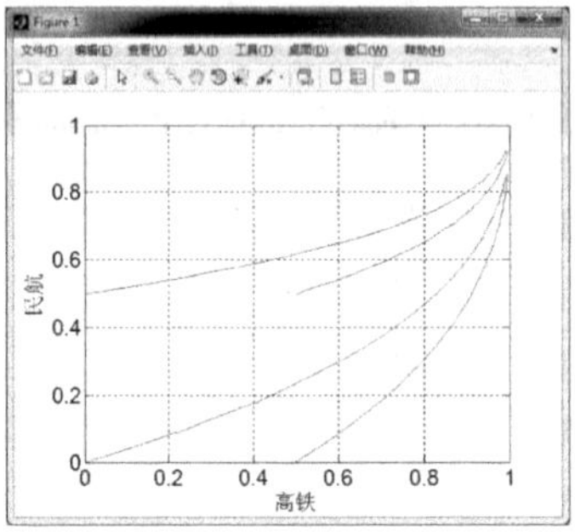


950km区间内的博弈

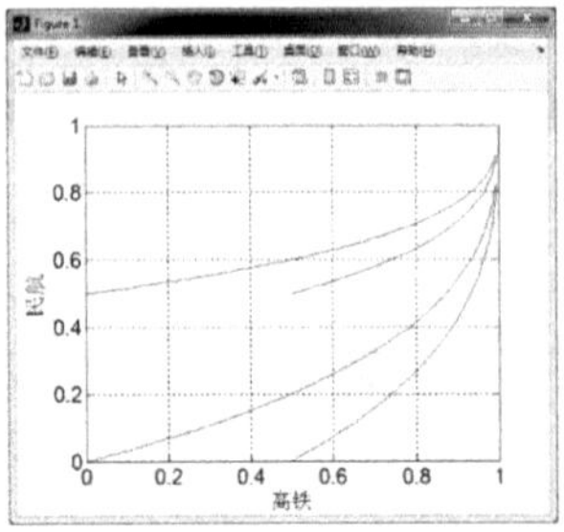


1000km区间内的博弈

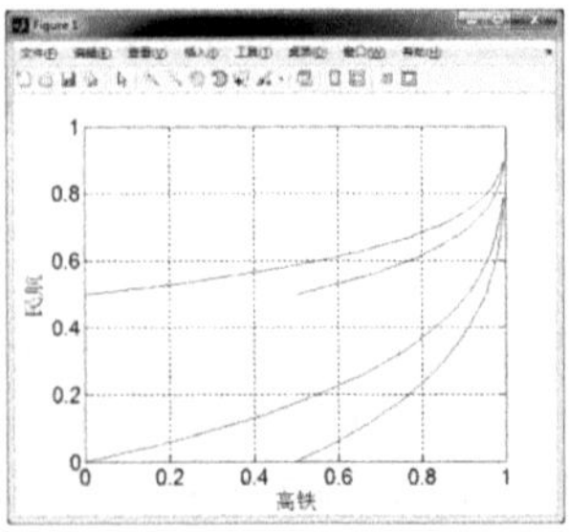


1050km区间内的博弈

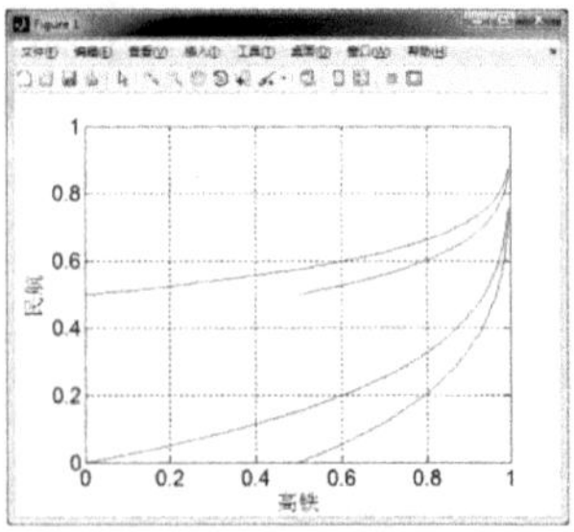


1100km区间内的博弈

图 5.14　返工返学旅客视角下高铁民航在 600～1100km 区间的博弈

Fig. 5.14　The game of civil aviation and Gaotie Civil aviation in 600-1100km interval from the perspective of working and school travelers

根据图 5. 14 可知,在返工返学旅客视角下,高铁民航在进行博弈自由演化时,在 600 ~ 650km 区间,高铁相比民航更趋向于合作,但双方的意愿差别不大。在 750km 时,高铁民航双方的竞争合作意愿趋于一致。从 750km 开始,随着距离的增加,高铁开始越来越趋向于竞争,而民航更倾向于合作。且在没有外界因素干扰下,高铁民航的博弈最终均趋向于竞争。

根据以上分析可知,在返学返工旅客视角下,高铁民航双方不管在哪个距离下的博弈都是合作与合作的情况下才能获得最大收益,而通过对图 5. 14 双方博弈演化分析可以看出,如果随着高铁民航市场自由演化的话,不论起点如何,双方最终会进入恶性竞争。

# 第6章　多类别旅客出行异质偏好下高铁民航竞合策略分析

高铁与民航都是旅客出行经常选择的出行方式,提出相应政策对高铁民航的竞合关系进行改进,可以达到企业福利与社会福利双赢的局面。结合第3、4、5章得出的研究结论,本章着重总结提炼了基于旅客视角的高铁民航竞合博弈策略:一方面,重点提炼突出长远的优化高铁民航竞合平衡宏观策略;另一方面,基于游客、公务商务以及返工返学三类旅客出行异质偏好的角度,分别提出了高铁民航竞合博弈细化策略,切实为指导高铁民航竞合博弈进入更高阶段、更细领域提供决策参考。

## 6.1　高铁民航长远竞合平衡宏观策略

高铁民航各有所长,各领域都需要巨大的资金投入和高昂的成本维护。两者之间的竞争并不是二选一的淘汰赛,也并非“既生亮、何生瑜”的水火不相容,而是一种“竞合”关系。竞争对于彼此来说既是压力也是动力,只有在竞争中才能不断突破,要想更好地服务好人民群众、获得最大利益,只有各自发挥优势,相互学习、加强合作,在提升服务质量的同时,为对方提供相互帮助的平台,最大程度地给百姓出行带来方便,最终实现共赢的新局面。短期看,我国高铁民航仍以竞争为主、合作为辅;长远看,高铁民航必然会走向竞争和合作的平衡状态,最终为经济社会发挥更大价值和作用。对于高铁民航竞合整体共同宏观策略来讲,应当围绕以下几个方面加强竞合:

(1)统筹高铁民航网络规划与建设

高铁与民航同为综合交通体系的重要组成部分应发挥各自的优势,良性竞争,提高组合效率,共同提升交通运输供给结构的灵活性。尽管我国陆续出台了《中长期铁路网规划》、《中国民航发展第十三个五年规划》、《“十三五”现代综合交通运输体系发展规划》等文件,但是整体来说,仍旧缺乏高铁民航长远的协同发展的整体规划。在此建议加强高铁民航网络规划与建设的对接,一是从航线规划走向全出行规划,二是加强综合交通运输枢纽总体规划的研究,三是要强化通道与枢纽、城市与战场、铁路与民航的统筹协调,推动统一规划、同步建设、一体运营。比如,结合北京新机场、天津枢纽、雄安新区等规划,同步规划建设一批高铁,实现京津冀的高铁网、机场群高效协同发展。

(2)重点打造综合交通枢纽

综合交通枢纽是交通体系的关键节点，也是交通运输体系的不同出行工具有效衔接的节点，更是交通运输效率集中体现。在此建议，要高铁民航竞合以服务广大旅客为目标，以便捷换乘、提升服务为根本，建设高铁、机场为中心的综合客运枢纽，努力做到空间立体性、平面协调性、整体舒适性、文化延续性的有机统一，要突出强调土地与空间资源的集约、高效的利用。高铁与民航综合客运枢纽应实现无缝衔接、零距离换乘，最大程度地方便旅客，提高运输效率。推动高铁、民航及其他运输方式在售票区、等候区、安全区、停车场等功能区统筹布设，不断提高设施设备利用率和公众出行的便捷性。

建立起高铁与民航合作体系，空铁联运可以为旅客的出行提供无缝隙、零距离的运输便利，并建立以协同竞争为目标的战略联盟，有目标地将机场建设成为空地等多种交通的综合换乘中心，实现各个交通运输方式的无缝衔接(一种为“无缝衔接”模式，即高铁站与机场相毗邻。南京禄口机场就是一个很好的例子，南京禄口机场将候机楼“搬”到高铁站，值机、托运一站搞定，实现航空、高铁、公路三大交通枢纽无缝对接；第二种为“有间隙”模式，高铁与机场之间需要通过其他交通方式来衔接)。

机场应考虑建设高铁站点，连接高铁网络，方便旅客通过高铁网络向机场聚集，以显著提高机场的通达性和辐射能力；机场与航空公司、民航局必须大力拓展中长途航线网络，特别是国际长途航线，以利用完善的航线网络和高铁强大的辐射能力，吸引中转客源；航空公司、机场和高铁可相互合作，整体营销，以方便快捷的空铁联运提高对中转客源的吸引力，挖掘客运市场潜力，扩充市场容量；民航业还可以效仿国外航空公司，寻找机会入股国内高铁，营运高铁航班替代现有的短途航空服务，从而实现高铁收益内部化。

利用“一票通”等方式来扩大高铁和民航的销售领域，使双方更容易进入到新的市场，渗入到单方不能完全满足的市场中，以此来提高服务效率，为旅客出行提供便利，节省时间。在顾客购买高铁—机场的票时，设置高铁站到机场间的专用大巴帮助顾客节省时间并提供便利。

(3)实现高铁民航信息共享

以精准服务，提升旅客获得感、体验感为目标，利用互联网、大数据、云计算等现代信息科技技术，推动高铁与民航信息系统的衔接，实现高铁、民航运输信息、企业信息、乘客信息等资源的互联互通、共享共用、实时连接，共同打造独具中国特色的智慧交通模式。推动高铁民航为经济社会中人流、物流、能流、资金流和信息流实现了快速流动和集散，进而推动资本、技术、人力等生产要素，以及消费群体、消费资料等消费要素的优化配置和集聚发展。

(4)加强高铁民航互学互鉴

高铁民航应以沟通交流、互学互鉴、携手合作共促发展。比如，应急合作模式。随着民航运输进一步发展，航线不断加密，民航压力越来越大，民航突发事件成因复杂、易发多发,把握不当就会恶化,导致严重后果。在提高自身处突能力的同时,积极寻求外界帮助,多部门协同,形成有效合力。在妥善应对的同时,也能够创造一定的经济价值。并在政府的主导下,建立起合理的联动机制。在突发事件发生后,以地方政府为主导,通过有效整合集成各方力量,从为及时疏散、服务旅客角度制定预案,提供菜单式出行路径供其选择,主动实现其他交通方式运行企业间分享旅客;各有关方要加强信息沟通,相互通报信息,实现目标同向、行动同步,充分发挥各自优势,有效应对旅客滞留事件;同时要减少中间传递环节,及时把旅客滞留的有关情况信息直接传递给协助单位。实现多部门、多行业、跨区域协同合作,形成了政府协调、部门配合、应急单位分工协作的一盘棋格局,有效避免特殊情况下出现大面积旅客滞留。

因此,高铁民航要加强在服务质量、安全管理、应急处置等方面的交流借鉴,共同提升运输的服务品质、风险管控水平和突发事件应对的能力,最终促进双方实现共同提升发展。

## 6.2 多类别旅客出行异质偏好下的高铁民航竞合微观策略

### 6.2.1 高铁民航竞争策略

(1)高铁竞争策略

根据上文分析,高铁可以进行相关的改进,为了在民航竞争中生存,高速铁路必须提高运输产品的质量,提高消费者的效用。我国高速铁路可以采取价格、产品、地点、促销等策略来增强市场竞争力。

①价格策略。从上文三个旅客群体视角分析的结果来看,虽然并不是所有旅客都最看重票价,但是票价的重要性毋庸置疑,在返工返学旅客视角下,出行方式的经济性是此类旅客最为看重的,而对于旅游旅客可以因为经济性舍弃一部分对于其他因素的要求,也就是说高铁可以通过实施相关的价格策略,在同等情况下吸引更多的旅客。高速铁路可根据市场细分、高峰、低谷时段和需求量进行定价。也可以实施差异化定价策略,对不同出行群体改变自己定价方式,中国铁路的价格策略比较单一,只针对少数群体有优惠,比如儿童票、残疾人票、军人票等,高铁有不同等级车厢的票价,如商务座、一等座、二等座;旅客出行高峰期与萧条期票价一样,出发前买票和提前订票价格一样,不会应订票时间不同而有所折扣。这使得中国高铁在调节市场供求关系上基本不能发挥作用。实施对不同旅客进行不同的定价方式,有助于提高高铁的竞争力。目前高铁部门也就价格策略提出了相应措施,铁路部门将从 2019 年 4 月 28 日下调 28 条城际铁路部分动车组列车票价,部分线路的折扣将达到 20%,铁路部门同时表示,未来将按照市场供需情况执行票价灵活浮动,逐步实行"一日一价"。铁路部门将不断探索高铁票价调整机制,深化"一日一价"、"一车一价"可行性研究并择机试点。合理规划高铁票价,实现灵活调整,正常购

票的功能。

②服务策略。从上面研究结论分析可知,不同旅客视角下对出行方式的服务水平要求不同,比如返工返学旅客对出行方式的服务水平要求不高,而公务商务旅客对于出行方式的舒适性要求较高,也通常愿意为了更好的服务选择民航。因此高铁需要提高自身的服务水平,提高自身吸引力,使对服务水平比较重视的旅客不再流失,同时对服务不是十分重视的旅客也会因为高铁的服务质量提升而提高对高铁的忠诚度。例如,优化运力资源配置,按照市场需求规律调整运行图和列车开行方案,加快建设和布局城际铁路网,强化网络效应,优化运输效率,提升自身盈利水平。

现如今有许多高铁站已经实行信息化高速进站手段以提高运营效率,基本上已经实现二代身份证刷脸进站。例如,武汉汉口火车站进站口增设32个自动面部识别系统,只用身份证和车票识别就可进站,大约只需要2~3s,且手机关注“汉口火车站”微信公众号,即可查询所有出行信息,包括能换乘车次的信息;与此同时,武汉首次启用中转换乘特别通道,以前都是先出站,再安检,重新进站换乘;现在有了特别通道,不用出站,可以直接到达换乘车次的候车室;广深城际铁路实施支付宝“广深城际扫码通”服务,可以通过刷脸完成身份认证后直接使用支付宝刷码进站,方便换乘旅客乘车。上海站也有相应的“智能化”出行方案,增加了66台自助查询机,可实时搜索列车车次、晚点信息、增开停运班次、遗失物品。其中还有站内导航功能,旅客只需选择想要达到的地点,比如洗手间,查询机可规划显示出最佳的行走路线,并以动画的方式提供导航。

进一步打造高铁运输产品品牌,树立高速铁路产品安全、正点、优质的品牌形象,优化高铁客运运输产品结构类型,满足不同层次、不同收入、不同需求的旅客的多样化的运输需求。拓展高速铁路产品链条,发展高端增值业务;合理设置候车时间,在候车期间提供食品饮料服务和一些宾客服务。加强与城市交通的联系,提供上门送票服务,并提供酒店预订服务。例如,武汉汉口火车站设立了老弱病残孕的专区,还建立了儿童游乐设施,方便为不同旅客提供相应服务;中国铁路北京局集团有限公司决定从2019年1月21日起,对15对高铁列车上线“扫码点餐”服务,旅客只需要在座位上动动手指就能成功点餐、购物,今后旅客乘坐北京局运营的高铁动车时,用餐、购物更加方便、快捷。铁路部门同时表示,先期在15对高铁列车上开展扫码点餐服务,并逐步推广覆盖中国铁路北京局运营的全部动车组列车,此项举措大大方便了高铁乘客;铁路部门也推出了掌上高铁App,可以为广大旅客提供免费的高铁WiFi、实时的行程动态提醒,以及丰富的影视娱乐资源,让旅客回家的旅程更加轻松、愉悦。

还需要进一步拓展高速铁路产品链条,发展高端增值业务;合理设置候车时间,在候车期间提供食品饮料服务和一些宾客服务;加强与城市交通的联系,提供上门送票服务,并提供酒店预订服务。例如,青岛北站在候车大厅开设了无人餐厅,可以进行扫码支付,智能出餐,价格很亲民,且饭食全程冷链运输,无添加防腐剂;济南等枢纽火车站也会增设这样的无人餐厅。

③位置策略。高铁在短距离区间优势明显，为了进一步发挥短距离优势，引导客流集聚，可以采取一些位置策略。由于高铁站的位置比较偏，可以将城市快速公交、城铁等接入高铁站。发挥短距离运输优势，加强与汽车站、地铁等合作，引导客流聚集，提升联乘联运程度，提升消费者效益和社会效益，共同培育客运市场需求。关于位置策略，巴士管家在河南省推出“开封尉氏高铁接送快线”，“开封尉氏高铁接送快线”所使用的车辆均是由开封交运集团官方提供的7座新能源商务车，为旅客提供直达高铁站的服务，乘客可登陆巴士管家App或者小程序提前进行预约；长沙高铁站也采取了位置策略，实现高铁转地铁不用再安检，设置两个免安检区域单向通行，实现转乘地铁的旅客可免安检，乘高铁出站时经专用通道转乘地铁免除安检，将大大提高旅客通行效率。

(2)民航竞争策略

从民航角度而言，与其竞争的高铁是近年来新出现的出行方式，民航需要对自身进行进一步的更新以及提升，才能提高自身竞争力。

①服务策略。民航与高铁的不同之处在于民航的服务层次较高，在上述研究分析中，对民航在三个视角下的市场分担进行分析中发现，公务商务旅客对于民航的需求是最高，而返工返学旅客对其需求较低。民航由于自身服务层次较高，导致优势距离区间比较高，所以民航需要在劣势区间明确目标市场，打造差异化、多元化服务，合理发展。

一是打造多元化的航空产品体系。国家铁道部调整运行图后，中国的铁路客运系统已经形成了包括：动车组、直达特快、特快、快速、普通快车、普通列车等六个层次的产品体系，可以从不同层次满足不同消费者的需求。与铁路已形成的多元化的产品体系相比，航空产品层次体系不足。通过细分不同旅客出行需求，利用航空运输枢纽网络结构、全球分销系统、收益管理系统和常旅客计划等手段打造可以满足不同层次消费者需求的航空运输产品体系。

二是增加服务特色，提升服务品质。航空服务作为服务业的领军，旅客对其有更高的要求和期待。如早已推广普及的“常旅客”服务项目，通过累积飞行里程兑换免票、礼品及免费升舱和在机场专设的常旅客休息室等，为公商务旅客提供了较好的服务；“机票+酒店”服务内容，解决了旅客出行的住宿问题，为旅客提供了“一站式”延伸服务，高品质的服务满足了旅客的需求，提高了顾客忠诚度。因此，航空公司需要不断创新改进服务产品，有针对性地提供多样化的个性服务，增加产品吸引力，同时强化服务意识，鼓励员工以高超的业务能力和优越的职业表现服务旅客，提升旅客的满意度。例如，昆明航空充分借鉴“滴滴出行”、“美团外卖”及各大OTA平台的预定和调度模式，吸收各大航司的接送机服务特点，将O2O服务模式和航司接送接服务融合，为昆明航空所有旅客提供具有线上预定体验良好、智能调度、乘车提醒、上门接送、客舱级服务引导、扫码上车、在线星级评价、行车轨迹监控、行程数据跟踪等特点的接送机服务，真正做好家门到登机门的贴心接送服务；国航提出“海派特色风情下午茶”，为进一步提升对国际远程航线高端旅客的个性化服务品质，打造上海浦东出港的国际远程航班的精细化服务品牌，充分展现具有海派区域文化特色的餐饮服务产品，此举，使服务品牌口碑显著提升，客户关注度不断增加。

②航线策略。明确目标市场，发展航线网络，加强航空公司的国际性发展。在客运市场中，旅客特征主要包括年龄、职业、收入、文化等方面，航空公司必须充分分析和了解旅客特征，并据此确定用户需求和创新服务方式。面对航空和高铁同质化竞争的现象，航空公司应将着力点放在深入地了解和认识市场运输结构，尽力找到自己的细分市场，例如将目标群定位为企业客户和商务乘客，依据细分客户群，培养和形成独立、创新的服务方式，进而提升自身的竞争水平。远程航线及高铁没有覆盖的市场是航空公司主要的发展方向之一。与高铁相比，航空的竞争优势主要集中在1000km以上的长途航线，因此把重点放在有竞争优势的长途航线和开拓国际航线上，有利于充分发挥长途优势。国内方面，在西北、西南地区大力发展支线航空，并与东部地区形成干、支结合，枢纽中转的航线网络体系；国际方面，我国和周边国家根本还没有可以连接的高速铁路，航空公司应加强国际性发展，积极关注国内—国际中转运输，提升配套服务水平，在避开高铁强力竞争的同时，成功“飞出去”。

③价格策略。旅客对出行方式的经济性较为看重，民航在保证自身服务优势的同时，也要合理处理票价等经济性因素。

一是提高运营效率，控制自身运营的成本。民航的利润是收益减去成本，定价的区间和成本有密切的联系。如果民航方面可以降低成本，则其定价的区间也就更加灵活，这样可以在保留民航的收益以及社会效益的基础上，增加民航的市场分担，提高民航的市场竞争力，同时为人们提供更好的服务。现阶段民航属于高层次运输，定价偏高，并不能吸引一部分对价格敏感的乘客。比如返工返学旅客重视出行方式的经济性，对其他因素不敏感，所以民航还要在定价以及成本方面多做努力。一方面，航空公司要正确处理和政府、航材航油、机场等部门的利益关系，控制外部成本。例如，航油现在占据着国内航空公司经营成本的很大一块，那么降低这一块的成本将在很大程度上压缩机票价格，所以改革现在的航油垄断从而形成竞争性航油市场可以大大降低运营成本；再例如，航材成本，对进口飞机、航材实行零关税，改革航空器材供销体制等方法也可以不同程度上降低成本。另一方面，控制自身运营的内在成本。各种提高运行效率节约航空煤油的方法都不失为有效的方法，国航就通过机队优化、二次放行等一系列措施来尝试提高运行效率、节约航空煤油的消耗、减少废气的排放。例如，国航就通过机队优化、二次放行等一系列措施来尝试提高运行效率、节约航空煤油的消耗、减少废气的排放。例如白云机场对航班服务保障整个流程分析整理归类，将航班保障过程划分为22个保障节点，确定服务保障的各项作业标准及资源配置标准。通过将延误航班情况与标准进行对比，准确识别临界航班,优化资源利用和改善时间节点可预测性,保证各单位间信息畅通,进一步充分调动保障资源,提升资源利用效率和机场整体运行效率。

二是实施差异化定价。民航定价虽然会因为淡季或者旺季甚至每天的时间来进行不同的打折来控制价格,但是日常打折的时候几乎都是鲜有人去的机次,而且也不会考虑旅客的购买能力,虽然这样会起到一些效果,但是并没有在本质上解决问题。差异化定价可以根据购票人的出行目的为出发点,为购票人提供符合购票人心理预期的票价以及其他服务,若是学生的话,可以为学生提供相对来说较为经济实惠的出行方式;对于商务旅客,可以提供一些比较旅程比较快捷舒适的出行方式;对于旅游出行旅客来说,结合价格和便捷来为旅游出行的乘客选择出最适合他们的出行方式,让所有出行的人感到满意和舒心,同时这样也可以大幅度扩展客源。

④简化乘机手续和提高准点率策略。除了对经济性进行相关的政策调整以外,民航也需要在其他影响旅客选择的因素方面做出相应努力。顾客满意度是交通运输行业很重要的一点,因为民航准点率不高,乘机手续复杂等,如何提升顾客满意度一直是民航产业的一大问题,虽然民航在速度上有着十足的优势,但是繁杂的登机程序会拉低民航速度的优势,甚至让人产生厌倦感,相比高铁,没有繁杂的程序,检票上车,准点率也高。要是民航能解决这些问题,一定能够获得大量旅客的青睐,提高自身竞争力。

一是简化乘机手续,缩短地面等待时间。目前,旅客乘机手续一般分为五个步骤:托运行李安检—换登机牌—旅客安检—隔离厅候机—登机,在这过程中,排队次数多,等候时间长。航空公司可以通过推进各种自助值机设备、自助行李托运系统,缩短旅客登机时间。除此之外,航空公司还可以考虑建设异地城市候机楼,方便旅客在家门口办好登机手续,在家门口实现远程登机。

二是努力提高航班正点率,完善航班延误补救措施,缓解和消除旅客的负面情绪。航空公司要采取有效措施,全力减少可控因素造成的航班不正常,强化航班正常性管理和考核,避免飞机利用率过高、保障工作不及时等可控因素造成的不正常航班。例如,武汉机场对航班进行精细管控,2016 年 3 月起持续开展“不正常航班专项整治风暴行动”,不仅要求局方考核指标(始发正常率、放行正常率等)每月达标,更将关系到旅客出行体验的效率指标纳入绩效考核,包括关舱门准点率、国际出港航班放行正常率、航班靠桥率、地面保障原因影响航班放行占比等,对航班保障 38 个主要节点进行重点监管,利用 OMMS 保障系统、视频监控系统实时监控保障现场,及时发现问题进行干预,同时结合空管 CDM 系统、塔台等管制单位实时沟通空域放行情况,通报天气预警、空域用户占用情况、地面保障情况等重要运行信息,按照 A – CDM 理念参考航班保障进程实现放行效率提升,特别对预计延误 5 分钟内的航班,通过协同联动,争取放行正常,确保运行资源高效利用,努力实现按照“计划离港时刻”考核运行效率,根本上满足旅客准点出行的需求。其他由于各种不可抗力的原因导致的航班延误,航空公司除了机场广播延误通知外,要根据延误时间长短，及时为其提供饮用水、餐食、住宿等服务，并对一些特殊旅客，如老弱病残孕等给予相应的照顾，积极主动地响应旅客的各种合理要求，从而缓解并消除旅客的负面情绪，提高顾客感知价值。

### 6.2.2　高铁民航合作策略

公共交通领域与普通的企业不同，它既有企业追求盈利的一面，又有需要承担社会责任的一面。如果从社会责任方面来讲，那么无论是民航还是高铁，其最终的目的都是为了方便旅客出行。高铁与民航合作，两者之间的横向对比关系变成了纵向对接关系，旅客的体验会更好。而这样好的旅行体验，必将刺激更多的民众选择高铁、民航出行，从而反作用于市场，促进其经济效益的提高。基于旅客视角的“6.1 高铁民航长远竞合平衡宏观策略”结论，从当前看，高铁民航合作微观策略应当聚焦以下两个方面：

(1)空铁联运策略

空铁联运能发挥高铁快速、多站点停靠优势，民航快速、直达优势，无缝连接地面、空中的交通网络，实现线路、区位、客源、速度互补，形成“地 - 空”立体交通网络。全球大概共有 120 座机场建立了空铁联运模式，目前中国空铁合作还在起步阶段，全国仅有上海 - 虹桥为空铁联运综合交通枢纽，上海 - 虹桥综合交通枢纽，集民用航空、高速铁路、城际铁路、高速公路、磁浮、地铁、地面公交、出租车等功能于一体，开创了多种交通方式之间无缝衔接的先例，实现了跨区域、大范围人流物流的快速集散，大大提高了交通运营的整体效率，是一座世界级现代化交通枢纽，但尚未实现空铁“代码共享”和“行李直挂”一站式服务。机场、航空公司和铁路系统可加强联运，高铁站点与枢纽机场之间旅客无缝中转联程，实现“代码共享”、“行李直挂”和跨方式行李联程托运行李等。高铁的发车时刻配合航班转机时刻，高铁站点可办理值机和行李托运手续，还可以研究跨方式行李联程托运等。利用高铁将周边旅客集中于枢纽机场，再从枢纽机场转运至长途和国际航线。旅客可通过航空公司的订票网络预订火车票，在为旅客提供方便快捷服务的同时，也为航空公司增加了更多的客源。还可以开发空铁畅行等业务，将航空公司、铁路、酒店等联合起来开发旅游产品等，增加企业的利润，打造自身品牌，实现多方互惠共赢。从全行程角度规划旅客总旅行时间，研究将服务延伸到高铁商圈的贵宾休息室，和高铁加强常旅客计划、积分互通等合作，加大线上线下营销宣传，为公务出行类旅客提供更完善的产品体系，提供综合交通便捷出现服务。

旅客可通过航空公司的订票网络预订火车票，在为旅客提供方便快捷服务的同时，也为航空公司增加了更多的客源。还可以开发空铁畅行等业务，将航空公司、铁路、酒店等联合起来开发旅游产品等，增加企业的利润，打造自身品牌，实现多方互惠共赢。例如，在天津滨海国际机场，空铁联运旅客可以凭券以优惠价格享受购买头等舱休息室 3 小时服务、接机服务、淋浴或按摩服务、登机口电瓶车摆渡服务、凭券享受免费寄存服务，同时可获得贵宾停车场一晚免费停车券一张。空铁联运旅客可持相关证件享受专用值机柜台(暂时仅限天津机场代理航空公司)、专用安检通道、专用休息区等服务。空铁联运旅客凭相关证件到航站楼内问询柜台、空铁联运服务柜台即可享受领取航站楼内多家商铺、餐饮店优惠券的服务,也可领取住宿优惠券、旅游产品代金券,凭券即可以优惠价格购买相应服务、产品。

也可以从全行程角度规划旅客总旅行时间,研究将服务延伸到高铁商圈的贵宾休息室,和高铁加强常旅客计划、积分互通等合作,加大线上线下营销宣传,为公务出行类旅客提供更完善的产品体系,提供综合交通便捷出现服务。目前,一些高铁站和机场都为支付宝蚂蚁钻石或者铂金会员的用户提供免费享受贵宾服务,包括了专属休息室、专属Wi-Fi、免费茶点饮料、手机充电、报刊杂志、登车提醒等,全部免费且无需用积分兑换,直接领取使用。高铁民航共同通过支付宝平台,为旅客提供更优质服务。

(2)信息共享策略

建立综合交通出行信息服务平台,整合民航和铁路信息资源,为旅客提供综合交通运输信息的互联互通、实时更新、及时发布和便捷查询。实现民航、铁路换乘信息互联互通,开发空铁联运售票系统,共同提供机票、火车票的联程联网售票服务,帮助旅客智能选择民航航班时刻与高铁衔接时刻,实现"一票联程"和无缝换乘。

## 6.3 多类别旅客出行异质偏好下的高铁民航竞合细化策略

### 6.3.1 游客旅客竞合策略

基于国家《"十三五"现代综合交通运输体系发展规划》大背景,对于构建现代综合交通运输体系,把握引领经济发展新常态,推进供给侧结构性改革,推动国家重大战略实施,支撑全面建成小康社会的客观要求,提出高铁民航在不同距离上的游客竞合策略,总结详见表6.1。

高铁民航的游客竞合策略矩阵　表6.1

**Competitive and cooperative strategies of high-speed railway and civil aviation tourist passengers matrix**　Tab. 6.1

| 距离 | 主要特征 | | 竞合策略 | |
|---|---|---|---|---|
| | 旅客偏好特征 | 高铁民航竞合特征 | 竞争策略 | 合作策略 |
| 短距:<br><500km | 专家角度:<br>便捷、经济、安全<br>旅客角度:<br>实惠、便捷、安全 | 高铁占优 | 高铁:<br>(1)价格策略<br>(2)服务策略<br>(3)位置策略 | |

续上表

| 距离 | 主要特征 | | 竞合策略 | |
|---|---|---|---|---|
| | 旅客偏好特征 | 高铁民航竞合特征 | 竞争策略 | 合作策略 |
| 中距：500～900km | 专家角度：便捷、经济、安全<br>旅客角度：实惠、便捷、安全 | 激烈竞争 | 高铁：<br>(1)价格策略<br>(2)服务策略<br>(3)位置策略<br>民航：<br>(1)价格策略<br>(2)航线策略<br>(3)服务策略<br>(4)简化乘机手续和提高准点率策略 | (1)空铁联运<br>(2)信息共享等 |
| 长距：>900km | 专家角度：便捷、经济、安全<br>旅客角度：实惠、便捷、安全 | 民航占优 | 民航：<br>(1)服务策略<br>(2)航线策略<br>(3)简化乘机手续和提高准点率策略 | |

高铁民航游客竞合的具体策略，要深入结合游客旅客主要看重实惠或经济、便捷等优势的特征，例如：在短距上，具有竞争优势的高铁应当采取价格、服务、位置等策略继续保持或扩大市场份额。在中距上，高铁民航竞争激烈，双方可以通过调整价格改变、优化服务等策略来获取市场分担率，高铁还可以充分挖掘位置策略的优势，而民航则也可以通过开设优化航线策略、简化乘机手续和提高准点率策略等展开充分竞争。

高铁可以吸纳民航在舒适性方面的优秀表现，提高服务质量，如效仿民航为该类旅客提供免费餐饮等措施，从而能在巩固已有客源的同时增加新客源。高铁在旅游旺季与学生旺季的时候，可以多加派人手，来保证自身的准时性，也额外可以多发班次来达到目的。同时，双方共同探索合作政策，例如：空铁联运、信息共享，加强与旅游产业链各主体合作，通过不断吸引更多客户实现双赢。在长距上，具有竞争优势的民航可以提供更优的服务和增加更多的旅游航线、简化乘机手续和提高准点率等策略来实现占优竞争，从而最终惠及广大游客。

### 6.3.2　公务商务旅客竞合策略

高铁民航公务商务旅客竞合策略，首先，从消费特征和档次分析，公务商务旅客高端消费者。与游客旅旅客相比，公务商务旅客者具有消费能力强、消费倾向明显、对配套设施要求较高、不受季节影响、时间观念强等特征。其次，通过第三章和第四章的分析得出,这类群体对价格不是很敏感,这一群体与游客群体明显不同。

高铁民航公务商务旅客竞合的具体策略,要深入结合公务商务旅客主要看重的舒适性、安全性和便捷等优势的特征。例如:在短距上,具有竞争优势的高铁应当采取不断提升服务质量、链接高铁站便利等措施,保持或扩大市场份额。在中距上,高铁民航竞争激烈,高铁应该发挥自己服务和位置策略优势,而民航则应强化自身的服务优势,同时也要加强空铁联运、信息共享,实现双赢。在长距上,具有竞争优势的民航可以提供更优的服务和增加更多的旅游航线等策略来便捷公务商务旅客,使得该群体更舒适、满意。提出高铁民航在不同距离上的公务商务旅客竞合详细策略,总结详见表6.2。

**高铁民航的公务商务旅客竞合策略矩阵** 表6.2

**Competitive and cooperative strategies of high-speed railway and civil aviation official and business passengers matrix** Tab. 6.2

| 距离 | 主要特征 | | 竞合策略 | |
|---|---|---|---|---|
| | 旅客偏好特征 | 高铁民航竞合特征 | 竞争策略 | 合作策略 |
| 短距:<br><300km | 专家角度:<br>便捷、舒适、可靠、安全<br>旅客角度:<br>准时、舒适、便捷、安全 | 高铁占优 | 高铁:<br>(1)服务策略<br>(2)位置策略 | |
| 中距:<br>300~800km | 专家角度:<br>便捷、舒适、可靠、安全<br>旅客角度:<br>准时、舒适、便捷、安全 | 激烈竞争 | 高铁:<br>(1)服务策略<br>(2)位置策略<br>民航:<br>(1)航线策略<br>(2)服务策略<br>(3)简化乘机手续和提高准点率策略 | (1)空铁联运<br>(2)信息共享等 |
| 长距:<br>>800km | 专家角度:<br>便捷、舒适、可靠、安全<br>旅客角度:<br>准时、舒适、便捷、安全 | 民航占优 | 民航:<br>(1)服务策略<br>(2)航线策略<br>(3)简化乘机手续和提高准点率策略 | |

### 6.3.3 返工返学旅客竞合策略

对于返工返学旅客,与游客旅客群体较为相似,但实惠或经济性更加敏感,因此高铁民航竞合游客具体策略可以针对此类群体制定较为细化的策略。比如,在短距上,尽管高铁占优,也应当采取价格、服务等策略为返工返学旅客增加福利。在中距上,高铁民航竞争激烈,双方除了正常竞争,还可以错位发展、合作发展,竞争会导致平价,实际上会激发更多的出行需求,进一步方便学生流、外出务工流出行需要。比如,返工返学旅客更为关注行程的经济性,同时考虑到此类旅客出行大多集中于春节及寒暑假等的返程出行,因此双方可在此期间加大优惠力度,以此吸纳更多该类旅客。同时加强空铁联运等让该类旅客享受高铁民航无缝衔接的高效出行体验。在长距上,具有竞争优势的民航可以提供更优的服务和增加更多的旅游航线等策略来实现占优竞争,比如,可以在权衡自身成本的条件下,适当考虑该类旅客的出行习惯进行相应的票价调整等,从而加大优惠力度。有针对性地提出高铁民航在不同距离上的返工返学旅客竞合策略,总结详见表6.3。

**高铁民航的返工返学旅客竞合策略矩阵**　　表6.3

**Competitive and cooperative strategies of high - speed railway and civil aviation worker and students passengers matrix**　　Tab. 6.3

| 距离 | 主要特征 | | 竞合策略 | |
|---|---|---|---|---|
| | 旅客偏好特征 | 高铁民航竞合特征 | 竞争策略 | 合作策略 |
| 短距:<br><600km | 专家角度:<br>便捷、经济、安全<br>旅客角度:<br>实惠、安全 | 高铁占优 | 高铁:<br>(1)价格策略<br>(2)服务策略<br>(3)位置策略 | |
| 中距:<br>600~1100km | 专家角度:<br>便捷、经济、安全<br>旅客角度:<br>实惠、安全 | 激烈竞争 | 高铁:<br>(1)价格策略<br>(2)服务策略<br>(3)位置策略<br>民航:<br>(1)价格策略<br>(2)航线策略<br>(3)服务策略<br>(4)简化乘机手续和提高准点率策略 | (1)空铁联运<br>(2)信息共享等 |
| 长距:<br>>1100km | 专家角度:<br>便捷、经济、安全<br>旅客角度:<br>实惠、安全 | 民航占优 | 民航:<br>(1)航线策略<br>(2)服务策略<br>(3)简化乘机手续和提高准点率策略 | |

# 第7章 结论与展望

## 7.1 主要结论

①构建高铁民航竞合因素集合,利用云模型结合专家调查数据进行综合评价分析,得到了游客、公务商务和返工返学三类旅客对高铁民航异质偏好权重集。

通过全年安全事故率、票价波动程度、区域人口总数等具体指标,从安全性、便捷性、经济性、舒适性和可靠性6个层面阐述影响旅客出行决策的30个影响因素指标集,而后基于三类不同旅客类型视角出发,运用云模型分析出每个指标的云模型与云权重,进而获得准则层的云模型与云权重,最终得出游客、公务商务和返工返学三类不同旅客类型下的整体民航与高铁行业的最终云模型评价结果,得到了三类旅客对高铁民航异质偏好的权重集合,并针对其各自的特点进行具体分析并提出建议。

实证结果表明:游客旅客较为重视旅途的便捷性和经济性,云权重较大,分别为(0.235,0.051,0.008)和(0.221,0.107,0.002);公务商务旅客更重视旅途的舒适性及可靠性,云权重较大,分别为(0.251,0.055,0.006)和(0.251,0.058,0.005);返工返学旅客比较重视经济性与安全性,云权重较大,分别为(0.216,0.106,0.006)和(0.212,0.101,0.005)。综合三类旅客云权重来看,基于返工返学旅客和游客旅客视角的云模型在准则层的得分上高铁多数准则层优于民航,只有在公商务旅客视角下民航在安全性(0.823,0.111,0.018),经济性(0.493,0.040, 0.014),舒适性(0.938,0.051,0.013)三个准则层得分优于高铁,公务商务旅客一般对出行成本不敏感,较为看重舒适性,所以在这三个准则层下高铁失去原有优势,但总体来说从三类旅客最终云模型可以看出高铁表现略胜于民航。

②基于多类别旅客出行视角,重点刻画了旅客高铁民航出行选择的实惠、准时、舒适、便捷以及安全五大偏好行为,结果表明游客、公务商务旅客和返工返学旅客对高铁民航的偏好各异。

以刻画高铁民航旅客出行选择行为作为出发点,在给出高铁民航旅客出行选择行为细化维度偏好函数,运用非线性回归方法构建了选择行为偏好特性检验分析模型,对高铁民航旅客出行选择行为偏好进行确定,着重针对不同旅客出行目的,对出行选择行为偏好特性进行了深入分析,提出了旅客高铁民航出行选择行为细化偏好确定框架,更细化地分类别对游客旅客、公务商务旅客和返工返学旅客三种类型群体的实惠、准时、舒适、便捷以及安全五大维度偏好，借鉴经济学中的效用理论来测度不同类型旅客出行方式所带来的满意程度，逐一构建了不同类型旅客出行选择行为效用偏好方程，进一步延伸深化了现有关于高铁民航旅客出行行为选择偏好理论模型框架。

实证结果表明：三类旅客对高铁民航偏好各异，对安全偏好都一致重视。游客非常重视实惠和便捷偏好，公务商务旅客则非常重视准时、舒适和便捷三个偏好，对于实惠则不是很敏感，返工返学旅客突出重视实惠偏好，但若选择民航出行，则对准时和便捷偏好也较重视。三类旅客对价格敏感，实际票价、预期价格与其实惠效用函数值成反比。在途时间和延误时间越长，给三类旅客带来的准时效用体验越差。在途时间越长带来的不舒适感越差，导致其整体舒适体验效果越差，非在途时间成本会降低三类旅客便捷效用值。

③通过构建基于多类别旅客出行异质偏好视角的高铁民航竞合模型进行博弈分析，结果显示：游客、公务商务以及返工返学三类旅客群体，高铁民航的主要竞争距离区间各异。

通过考虑经济、快速、舒适、便捷和安全等五个因素构建旅客出行效用函数，通过效用函数最大化原则求解高铁民航的竞合博弈区间；通过古诺博弈理论构建基于价格视角的高铁民航竞合关系模型；通过伯特兰德博弈理论构建基于距离视角的高铁民航竞合关系模型，探讨高铁与民航在不同策略下的竞合状态，以期找到两者之间实现共赢的科学策略。

实证结果表明：游客旅客、公务商务旅客以及返工返学旅客三类视角下，高铁民航的主要竞争区间分别处在500～900km、300～800km、600～1100km。旅游旅客、返工返学旅客对价格的敏感性更高，公务商务旅客对价格的敏感性较低。相较公务商务旅客在的竞争区间，游客旅客视角下高铁民航进入竞争区间的距离较长；而相对于返工返学旅客，游客旅客视角下高铁民航进入竞争区间的距离较短。同时，三类旅客视角下虽然演化起点并不相同，但是最终的演化方向都是互相竞争，进入恶性竞争的循环。通过对高铁民航的博弈交付矩阵分析发现，其实双方如果都选择与对方合作的话，收益会大于双方选择竞争合作、合作竞争、竞争竞争的收益系数，说明可以让其从自由演化的恶性竞争循环通过一些政策方法来转向到双方都能提高收益的良性竞争中，所以双方都需要政府的助力，这样才能进入良性循环。

④提出了基于多类别旅客出行异质偏好视角的高铁民航竞合微观策略，总结归纳了三类旅客的在不同距离上的竞合细化策略。

基于游客、公务商务以及返工返学三类旅客视角，分别提出了高铁民航竞合博弈细化策略，包括：一是高铁民航竞争策略，高铁主要包括价格策略、服务策略、位置策略，民航主要包括价格策略、服务策略、航线策略。二是高铁民航合作策略，包括空铁联运策略、信息共享策略等。三是进一步总结三类旅客的在不同距离上的竞合细化策略，深入结合三类旅客不同偏好特征需求，分析了游客旅客、公务商务旅客以及返工返学旅客三类旅客在短、中、长距离上的竞合细化策略，切实为指导高铁民航竞合博弈进入更高阶段提供决策参考。

## 7.2 研究展望

本书综合研究了高铁民航在不同类别旅客出行异质偏好下的博弈关系，并得出了较为可信的结论，但同时存在以下不足：一是未考虑低成本航空因素。有国外文献显示，与普通航空公司相比，低成本航空与高铁的竞争更加激烈。中国低成本航空除春秋航空、联合航空等规模较大的航空公司之外，小型的低成本航空公司参与的市场份额也较大。由于信息披露有限，获得数据难度增大，因此本书的研究仅立足于普通航空公司的角度，未考虑低成本航空这一因素。二是多类别旅客出行异质偏好调查样本还不够多，体现在数量和类型两个方面。数量方面，本书的样本量为299，虽符合研究要求，但更大的样本量更具可信度。类型方面，由于时间和经费等原因，问卷调查工作只选择在北京、郑州和大连三个具有典型竞合点进行开展，时间也只选择了春节、“五一”和“十一”高峰期三个时段。未能对更广泛的不同区域、不同时段展开研究，代表性稍微受限，故仅在距离方面对二者的客流分担率进行分析。

今后可在本书的研究基础之上，将低成本航空的因素考虑进来（如将低成本航空是否参与某条航线作为虚拟变量加进来，观察变量显著性），更加补充这一领域的研究。其次，在做旅客出行偏好行为调查时，如果条件允许可多挑选几条线路进行实地调查，一是可以使样本更加充足，提高样本多样性；二是将区域因素考虑进来，观察不同区域之间的高铁对民航客运影响的程度的特征，对本书内容进行很好的补充。最后，随着数据的不断收集与完善，以后的学者能够对高铁民航之间的关系长期、深入的研究。

# 附录1　高铁民航影响因素打分表

您好，我们来自大连海事大学综合交通运输协同创新中心，正在进行一项高铁民航影响因素调查，请为不同视角下的指标数据和权重打分（0－1分），越接近1代表越高，见附表1.1。

附表1.1

| 准则层 | 要素指标 | 高铁数值 | 高铁权重 | 民航数值 | 民航权重 |
|---|---|---|---|---|---|
| $X_1$安全性 | $X_{1.1}$全年安全事故发生率 | | | | |
| | $X_{1.2}$保障措施实施力度 | | | | |
| | $X_{1.3}$安全教育普及程度 | | | | |
| | $X_{1.4}$全年班次安全检查力度 | | | | |
| | $X_{1.5}$财产丢失事故率 | | | | |
| $X_2$便捷性 | $X_{2.1}$换乘次数 | | | | |
| | $X_{2.2}$程前程后接驳是否便利 | | | | |
| | $X_{2.3}$启程前平均等候时间 | | | | |
| | $X_{2.4}$日平均发班次数 | | | | |
| | $X_{2.5}$随程物品限制情况 | | | | |
| | $X_{2.6}$等里程实际平均乘坐时间 | | | | |
| $X_3$经济性 | $X_{3.1}$票价波动程度 | | | | |
| | $X_{3.2}$程前程后接驳费用 | | | | |
| | $X_{3.3}$平均票价/里程比 | | | | |
| | $X_{3.4}$票价优惠覆盖力度 | | | | |
| | $X_{3.5}$退改签成本 | | | | |
| | $X_{3.6}$其他费用占票价比例 | | | | |
| $X_4$舒适性 | $X_{4.1}$娱乐办公需求满足程度 | | | | |
| | $X_{4.2}$乘坐噪声 | | | | |
| | $X_{4.3}$服务频次 | | | | |
| | $X_{4.4}$随程餐饮覆盖率 | | | | |
| | $X_{4.5}$舱内拥挤程度 | | | | |

续上表

| 准则层 | 要素指标 | 高铁数值 | 高铁权重 | 民航数值 | 民航权重 |
|---|---|---|---|---|---|
| $X_5$可靠性 | $X_{5.1}$受节假日客流高峰影响程度<br>$X_{5.2}$准点率<br>$X_{5.3}$受自然条件影响程度<br>$X_{5.4}$是否存在超售情况 | | | | |
| $X_6$宏观环境 | $X_{6.1}$政策影响程度<br>$X_{6.2}$经济发展水平<br>$X_{6.3}$居民消费水平<br>$X_{6.4}$区域人口总数 | | | | |

# 附录 2　高铁民航出行调查问卷

您好,我们来自大连海事大学综合交通运输协同创新中心,我们正在进行一项关于高铁民航出行的调查,想邀请您用几分钟时间帮忙填答这份问卷。本问卷实行匿名制,所有数据只用于统计分析,请您放心填写。题目选项无对错之分,请您按自己的实际情况填写。谢谢您的帮助。

1. 您的性别:

A. 男　B. 女

2. 您的年龄(岁):

A. 25 以下　B. 25 ~ 30　C. 31 ~ 35　D. 36 ~ 40　E. 41 ~ 50　F. 50 以上

3. 您的职业是:

A. 个体经营者　B. 企业经理人　C. 公司职员　D. 公务员　E. 教师或科研人员

F. 工人　G. 农民　H. 学生　I. 军人　G. 离退休人员　K. 其他

4. 您的月平均收入为(单位:元):

A. 3000 及以下　B. 3000 ~ 5000　C. 5000 ~ 10000　D. 10000 ~ 20000　E. 20000 以上

5. 您最近一次出行乘坐的是:

A. 高铁　B. 飞机

请注意:下面 6 ~ 13 题根据您最近一次乘坐的交通工具作答。

6. 您最近一次出行目的是:

A. 探亲　B. 公务出差　C. 旅游　D. 经商　E. 上学　F. 务工　G. 其他

7. 您最近一次出行费用来源是:

A. 公费　B. 自费

8. 您最近一次出行时,请用√将附表 2.1 中所列因素与其在您心中的重要程度进行匹配。

附表 2.1

| | 很重要 | 重要 | 一般 | 重要 | 很重要 |
|---|---|---|---|---|---|
| 实惠 | | | | | |
| 便捷 | | | | | |
| 舒适 | | | | | |
| 安全 | | | | | |
| 准时 | | | | | |

9. 您觉得最近一次出行票价是否合理？

A. 票价很低　B. 票价略低　C. 票价合理　D. 票价较高　E. 票价很高

10. 您最近一次出行票价比您心理预期______。

A. 低 30% 以下

B. 低 10% ~30% 区间

C. 低 10% ~高 10% 区间

D. 高 10% ~50% 区间

E. 高 50% 以上

11. 最近一次出行在途时间（指飞机空中飞行时间或高铁行驶时间（含中转））是多长______（单位：小时）。

A. 0 ~1　B. 1 ~2　C. 2 ~4　D. 4 以上

12. 您最近一次程前时间（正常从家到高铁/飞机准点出发之间、所需要的时间）为（单位：小时）：

高铁______　　飞机______

A. 0 ~1　B. 1 ~2　C. 2 ~3　D. 3 以上

13. 您最近一次程后时间（下高铁/飞机之后到目的地之间的时间）为（单位：小时）：

高铁______　　飞机______

A. 0 ~1　B. 1 ~2　C. 2 ~3　D. 3 以上

14. 您高铁/飞机出行过程带来的不适感一般多久会消退（单位：小时）？

高铁______　　飞机______

A. 0 ~2　B. 2 ~4　C. 4 ~6　D. 6 ~8　E. 8 以上

15. 您觉得高铁与民航哪一个更安全？

A. 高铁　B. 民航

## 参考文献


[1] 搜狐网. 全国高铁已达 2.5 万公里,2018 再添 3500 公里! 2035 年目标更振奋! [EB/OL]. https://www.sohu.com/a/214242075_100028248,2018,01,02.

[2]国家铁路局. 中长期铁路网规划[EB/OL]. http://www.nra.gov.cn/jgzf/flfg/gfxwj/zt/other/201607/t20160721_26055.shtml,2016,07,12.

[3]中国民用航空局. 2017 年民航行业发展统计公报[EB/OL]. http://www.caac.gov.cn/XXGK/XXGK/TJSJ/201805/P020180521622831951125.pdf,2018,05,22.

[4]中国经营网. 三大航空公司净利下滑 高铁加剧分流民航客源[EB/OL]. http://www.cb.com.cn/hangkongyuyunshu/2017_1011/1202491.html,2017,10,11.

[5]国务院. 国务院关于印发"十三五"现代综合交通运输体系发展规划的通知(国发〔2017〕11 号)[EB/OL]. http://www.gov.cn/zhengce/content/2017-02/28/content_5171345.htm.,2017,02,28.

[6]高铁网. 民航对高铁从竞争走向竞合[EB/OL]. http://news.gaotie.cn/pinglun/2018-07-24/469497.html.,2018,07,24.

[7]胡蓉. 别把高铁当作民航"杀手"[N]. 深圳商报,2017-09-01(A07).

[8]堂吉伟德. 民航与高铁竞争不能单靠价格战[N]. 中国商报,2017-12-08(P01).

[9] 毕晓青. 高铁时代:民航业如何与高铁共生共赢——以沪昆高铁为例[J]. 现代商业,2018(1):59-62.

[10] Yan L. Comparative study on competitive advantage between civil aviation and highspeed rail based on customer value[J]. IEEE 会议论文,2013.

[11] Mas-Colell A,Whinston M,Green J. Microeconomic theory[D]. Oxford: Oxford University Press,1995.

[12] Huang H J. Pricing and logit-based mode choice models of a transit and highway system with elastic demand [J]. European Journal of Operation Research, 2002, 140: 562-570.

[13] 谢如鹤,邱祝强,李庆云,等. Logit 模型在广深铁路客流分担率估算中的应用[J]. 中国铁道科学, 2006, 27(3):111-115.

[14] 张旭,栗维新,蔡权德. 高速铁路与航空运输竞争研究[J]. 大连理工大学学报(社会科学版),2011,32(1):42-46.

[15] 罗朝晖,韦增欣,陈进来. 城市交通多类型随机用户出行决策模研究[J]. 数学的实践与认识,2012, 24(5):98-106.

[16] 陈星光,李卓君,朱振涛. 多维动态随机用户最优出行选择的变分不等式模型[J]. 系统工程,2012, 29(11): 84-89.

[17] Hetrakul P, Cirillo C. A latent class choice based model system for railway optimal pricing and seat allocation[J]. Transportation Research Part E: Logistics & Transportation Review, 2014,61(61):68-83.

[18] 王文宪,陈钉钧,吕红霞,等. 基于 Nested Logit 模型的铁路旅客客运产品选择研究[J]. 交通运输系统工程与信息,2015,15(04):140-146.

[19] De Serpa A C. A theory of the economics of time[J]. Economic Journal, 1971, 81(324): 828-846.

[20] 邵长桥,陈昳临. 行程时间价值研究综述[J]. 北京工业大学学报,2018, 44(3): 417-423.

[21] Mackie P J, Jara-Diaz S, Fowkes A S. The value of travel time saving in evaluation[J]. Transportation Research Part E,2001, 37(2):91-106.

[22] 高更君,黄卫. 考虑时间因素的运输方式选择问题[J]. 交通运输系统,2001, 2 (3): 21-25.

[23] 罗建,薛锋. 基于改进蚁群优化算法的客运专线旅客出行方式选择[J]. 系统工程, 2008,26(1): 82-85.

[24] 刘艺. 京沪高铁对航空客运分担率影响的研究[J]. 河北工业科技,2013(03): 183-187.

[25] 赵坚,苏红健. 节约旅行时间的价值与交通方式选择分析[J]. 综合运输, 2010(09): 60-65.

[26] 夏晓梅,范炳全,谢劲松. 基于广义费用的单货种多方式均衡配流模型[J]. 合肥工业大学学报(自然科学版),2009, 32(2): 222-225.

[27] Nuzzolo A, Crisalli U,Gangemi F. A behavioral choice model for the evaluation of railway supply and pricing policies[J]. Transportation Research Part A: Policy and Practice,2000,34(5):395-404.

[28] 朱从坤,王洁,冯焕焕. 区域运输通道内客运方式分担率模型[J]. 交通运输工程学报,2005(04):111-115.

[29] 何宇强,毛保华,陈团生,等. 高速客运专线客流分担率模型及其应用研究[J]. 铁道学报,2006,28(3):18-21.

[30] 史峰,邓连波,霍亮. 铁路旅客乘车选择行为及其效用[J]. 中国铁道科学,2007, 28(6):117-121.

[31] 王正武,罗大庸,黄中祥,等. 不确定性条件下的多目标多路径选择[J]. 系统工程学报,2009,24(3): 355-359.

[32] 张力,贾俊芳. 旅客出行广义费用及客运产品分担率研究[J]. 北京交通大学学报, 2011,35(3):68-71.

[33] 豆甜甜,孙全欣,冯旭杰. 城市对外枢纽位置对长距离出行方式选择的影响[J]. 铁道运输与经济,2013,35(4):64-68.

[34] 何素贞. 基于广义费用的城市居民出行方式选择行为分析[J]. 现代交通技术,2010,(01):78-83.

[35] 张杨,贾建民,黄庆. 城市交通中车辆择路行为实证研究[J]. 管理科学学报,2007,10(5):78-85.

[36] Schwanen T, Fttema D. Coping with unreliable transportation when collecting children examining parents' behavior with cumulative prospect theory[J]. Transportation research part A:Policy and Practice, 2009, 43(5): 511-525.

[37] 徐红利,周晶,徐截. 基于累积前景理论的随机网络用户均衡模型[J]. 管理科学学报,2011,14(7): 1-7.

[38] 王琪. 基于可达性的中国高铁和民航竞合关系分析[D]. 南昌:江西师范大学,2015.

[39] 尹彬. 基于"顾客让渡价值"的高铁民航竞争研究[J]. 现代商贸工业,2012,15:84-86.

[40] 杨励雅,赵鹏军. 考虑偏好差异与备选方案相关性的居民出行方式选择模型[J]. 北京大学学报:自然科学版,2013,48(6): 1009-1015.

[41] 林彦. 我国民航与高铁竞争优势研究——基于顾客感知价值导向角度的分析[J]. 价格理论与实践,2018 (01):138-141.

[42] 张效,胡珍丽. 过度竞争对产业衰亡的影响研究[J]. 现代商贸工业,2012,24(01):35.

[43] Daniel Albalate, Germà Bel,Xavier Fageda. Competition and cooperation between high-speed rail and air transportation services in Europe[J]. Journal of Transport Geography, 2015,42:166-174.

[44] Schipper Y, Rietvld P. Deregulation and welfare in airline markets:An analysis of frequency equilibrium[J]. European Journal of Operational Research, 2007, (178): 194-206.

[45] Adler N, Pels E, Nash C. High-speed rail and air transport competition: Game engineering as tool for cost-benefit analysis[J]. Transportation Research Part B: Methodological, 2010, 44(7):812-833.

[46] Hsu C W, Lee Y, Liao C H. Competition between high-speed and conventional rail systems:A game theoretical approach[J]. Expert Systems with Applications,2010, (37): 3162-3170.

[47] Yang H, Zhang A. Effects of high-speed rail and air transport competition on prices, profits and welfare[J]. Transportation Research Part B: Methodological,2012,46(10):

1322-1333.

[48] 陈星光,周晶,朱振涛.城市交通出行方式选择的演化博弈分析[J].管理工程学报,2009,(2):140-142.

[49] 张睿,栾维新,赵冰茹.基于旅客选择影响的高速铁路及航空客票定价博弈分析[J].铁道运输与经济,2015(01):5-9,34.

[50] Tiziana D'Alfonso, Changmin Jiang, Valentina Bracaglia. Would competition between air transport and high-speed rail benefit environment and social welfare? [J]. Transportation Research Part B,2015,74:118-137.

[51] Román C, Martín J C. Integration of HSR and air transport: Understanding passengers' preferences[J]. Transportation Research Part E,2014,71(71):129-141.

[52] 张迦南,赵鹏.综合运输通道旅客出行方式选择行为研究[J].中国铁道科学,2012,33(3):123-131.

[53] 叶玉玲,韩明初,陈俊晶.基于出行链的城际旅客出行方式选择行为[J].同济大学学报(自然科学版),2018,46(09):1234-1240.

[54] 李宗伟,张艳辉,栾东庆.哪些因素影响消费者的在线购买决策?——顾客感知价值的驱动作用[J].管理评论,2017,29(08):136-146.

[55] 张睿,马瑜,赵冰茹,等.京沪线高铁与民航旅客出行选择行为研究[J].交通运输系统工程与信息,2016, 16(1):223-228.

[56] 张航,赵鹏,乔珂,等.高速铁路旅客出行时间选择 Logit 模型与分析[J].铁道运输与经济,2017, 39(1):55-60.

[57] 林彦.我国民航与高铁竞争优势研究——基于顾客感知价值导向角度的分析[J].价格理论与实践,2018(01):138-141.

[58] Klöckner C A, Friedrichsmeier T. A multi-level approach to travel mode choice—How person characteristics and situation specific aspects determine car use in a student sample[J]. Transportation Research Part F: Psychology and Behaviour, 2011, 14(4): 261-277.

[59] Tirachini A, Hensher D A, Rose J M. Crowding in public transport systems: Effects on users, operation and implications for the estimation of demand[J]. Transportation Research Part A,2013, 53:36-52.

[60] Paulssen M, Temme D, Vij A, et al. Values, attitudes and travel behavior: a hierarchical latent variable mixed logit model of travel mode choice[J]. Transportation, 2014, 41(4):873-888.

[61] Wen C H, Chen T N, Fu C A. A factor-analytic gengeralized nested logit model for determining market position of airlines [J]. Transportation Research Part A,2014,62:

71-80.

[62] Xia W Y, Zhang A M. High-speed rail and air transport competition and cooperation: A vertical differentiation approach[J]. Transportation Research Part B, 2016, 94(26): 456-481.

[63] 范春梅,李华强,贾建民.基于体验管理视角的高速列车乘客体验与再乘意愿研究[J].管理评论,2016,28(10):133-140.

[64] 姜博,初楠臣,修春亮,等.中国"四纵四横"高铁网络可达性综合评估与对比[J].地理学报,2016,71(04):591-604.

[65] 南宇峰,杨省贵.基于旅客出行成本的高铁与民航运输竞争临界距离分析[J].交通科技与经济,2012(2):107-110.

[66] 丁金学,金凤君,王姣娥,等.高铁与民航的竞争博弈及其空间效应——以京沪高铁为例[J].经济地理,2013,33(05):104-110.

[67] Dobruszkes F, Dehon C, Givoni M. Does European high-speed rail affect the current level of air services? An EU-wide analysis[J]. Transportation Research Part A, 2014, 69(69):461-475.

[68] Albalate D, Bel G, Fageda X. Competition and cooperation between high-speed rail and air transportation services in Europe[J]. Journal of Transport Geography, 2015, 42:166-174.

[69] Wan Y L, Ha H K, Yoshida Y, et al. Airlines' reaction to high-speed rail entries: Empirical study of the Northeast Asian market[J]. Transportation Research Part A, 2016, 94:532-557.

[70] Ozbay K. Valuation of travel time and departure time choice in the presence of time-of-day pricing[J]. Transportation Research Part A, 2008(42):577-590.

[71] 姚宪辉,刘金明,张洋,等.城市居民通勤出行方式服务水平评价[J].交通运输系统工程与信息,2011,11(S1):97-103.

[72] Behrens C, Pels E. Intermodal competition in the London-Paris passenger market: High-Speed Rail and air transport[J]. Journal of Urban Economics, 2012, 71(3):278-288.

[73] 芮海田,吴群琪.高铁运输与民航运输选择下的中长距离出行决策行为[J].中国公路学报,2016,29(03):134-141.

[74] Li Z C, Sheng D. Forecasting passenger travel demand for air and high-speed rail integration service: A case study of Beijing-Guangzhou corridor, China[J]. Transportation Research Part A, 2016, 94:397-410.

[75] Socorro M P, Viecens M F. The effects of airline and high speed train integration[J]. Transportation Research Part A, 2013 (49) :160-177.

[76] 胡荣,夏洪山.航空公司动态价格竞争复杂性及混沌控制——基于不同竞争战略与不同理性的分析[J].系统工程理论与实践,2013,33(01):151-158.

[77] Jiang C M, Zhang A M. Effects of high-speed rail and airline cooperation under hub airport capacity constraint[J]. Transportation Research Part B,2014,60(2):33-49.

[78] 张婧,郭啸,陈维亚,等.多模式枢纽网络中高铁与航空票价优化模型[J].系统工程学报,2015,30(05):693-702.

[79] Fu X W, Lei Z, Wang K,et al. Low cost carrier competition and route entry in an emerging but regulated aviation market—The case of China[J]. Transportation Research Part A,2015,79:3-16.

[80] 王景妍,张飞.区域运输通道内影响旅客出行方式选择的因素[J].交通科技与经济,2011, 13(6):71-74.

[81] Zhang Q, Yang H J, Wang Q,et al. Market power and its determinants in the Chinese airline industry[J]. Transportation Research Part A,2014,64(2):1-13.

[82] 刘春济.信任危机背景下公众乘坐高铁旅行的意向研究:经历熟悉的调节作用[J].中国软科学,2013(02):43-54.

[83] Cui Q, Li Y. The change trend and influencing factors of civil aviation safety efficiency: The case of Chinese airline companies[J]. Safety Science,2015,75:56-63.

[84] Lee J K, Yoo K E, Song K H. A study on travelers' transport mode choice behavior using the mixed logit model: A case study of the Seoul-Jeju route[J]. Journal of Air Transport Management,2016,56:131-137.

[85] Givoni M, Dobruszkes F. A review of ex-post evidence for mode substitution and induceddemand following the introduction of high-speed rail[J]. Transport Reviews,2013,33(6):720-742.

[86] D'Alfonso T, Jiang C M, Bracaglia V. Would competition between air transport and high-speed rail benefit environment and social welfare? [J]. Transportation Research Part B,2015,74:118-137.

[87] 李晓伟,王炜,杨敏,等.中国民航与高铁竞争因素的敏感性分析研究[J].西安建筑科技大学学报(自然科学版),2017,49(03):388-394.

[88] Zhang Q,Yang H J,Wang Q. Impact of high-speed rail on China's Big Three airlines [J]. Transportation Research Part A,2017,98:77-85.

[89] 滕靖,申博,费翔,等.高铁车站公交接驳线路设计[J].系统工程理论与实践,2013,33(11):2937-2944.

[90] Martín J C, Roman C, García-Palomares J C, et al. Spatial analysis of the competitiveness of the high-speed train and air transport:The role of access to terminals in the Ma-

drid-Barcelona corridor[J]. Transportation Research Part A,2014,69:392-408.

[91] Usami M, Manabe M, Kimura S. Airport choice and flight connectivity among domestic and international passengers—Empirical analysis using passenger movement survey data in Japan[J]. Journal of Air Transport Management,2017,58:15-20.

[92] Zanin M, Herranz R, Ladousse S. Environmental benefits of air-rail intermodality: The example of Madrid Barajas [J]. Transportation Research Part E, 2012, 48 (5): 1056-1063.

[93] 罗谦,张永辉,程华,等. 基于航空信息网络的枢纽机场航班延误预测模型[J]. 系统工程理论与实践,2014,34(S1):143-150.

[94] 汪瑜,孙宏,朱金福. 基于时间区间内航线机型优化分配的机队规划方法[J]. 系统工程理论与实践,2015,35(01):168-174.

[95] 江红,任新惠. 航班延误信息下旅客选择行为模型及实证[J]. 交通运输系统工程与信息,2018,18(04):188-193+208.

[96] Park Y,Ha H K. Analysis of the impact of high-speed railroad service on air transport demand[J]. Transportation Research Part E:Logistics and Transportation Review,2006, 42(2):95-104.

[97] Roman C,Espino R,Martin J C. Competition of high-speed train with air transport:The case of Madrid-Barcelona[J]. Journal of Air Transport Management. 2007, 13 (5): 277-284.

[98] Paleti R,Vovsha P S,Givon D, et al. Joint modeling of trip mode and departure time choices using revealed and stated preference data[J]. Transportation Research Record Journal of the Transportation Research Board,2014,(2429):67-78.

[99] Behrens C, Pels E. Intermodal competition in the London-Paris passenger market: High-Speed Rail and air transport[J]. Journal of Urban Economics,2012,71(3): 278-288.

[100] 干宏程. VMS 诱导信息影响下的路径选择行为分析[J]. 系统工程,2008, 26(3): 11-16.

[101] 张旭,栾维新,赵冰茹. 基于非集计模型的武广线高铁与民航竞争研究[J]. 交通运输系统工程与信息, 2012,12 (06):17-21.

[102] 刘艺. 京沪高铁对航空客运分担率影响的研究[J]. 河北工业科技, 2013, 30 (3): 183-187.

[103] 张睿,马瑜,赵冰茹,等. 京沪线高铁与民航旅客出行选择行为研究[J]. 交通运输系统工程与信息, 2016,(01):223-228.

[104] 陈颖雪,董治,吴兵. 基于选择方案抽样调查的城市群低频率出行行为研究[J]. 中国公路学报, 2013,158-163.

[105] Watson. Predictions of intercity modal choice from disaggregate, behavior stochastic models[J]. Transportation Research Hoard. 1973, (446): 28-35.

[106] Barreira A, Reis M R. Competitiveness of high-speed rail: analysis for corridor between Lisbon Portugal and Madrid Spain based on discrete choice models[J]. Transportation Research Record: Journal of the Transportation Research Board, 2013, (2374): 9-16.

[107] Zhao P, Hua S Y, Zhang H. Choice behavior of railway travelers under cognitive conditions[J]. Advances in Transportation Studies, 2016, 3(10): 3-12.

[108] 冯焕焕,朱从坤. 粗糙集理论在城际间客运量分担率模型中的应用[J]. 苏州科技学院学报(I-程技术版),2007,20(1):30-33.

[109] 杨忠振,王璐,蒋永雷. 高速客运通道上多种运输方式的分担率分析[J]. 大连海事大学学报,2008,34(4):154-157.

[110] 李欢,毛保华,何宇强,等. 石太客运通道内影响旅客选择交通工具的因素分析[J]. 北京交通大学学报,2008,7(2):86-88.

[111] 宗芳,隽志才,张慧永,等. 出行时间价值计算及应用研究[J]. 交通运输系统工程与信息, 2009(03):114-119.

[112] 叶玉玲,王艺诗. 沪杭运输通道内旅客出行方式选择行为研究[J]. 铁道学报,2010,32(4):13-17.

[113] 蔡志文. 沪际高速铁路对于民航客运市场的影响分析[J]. 物流工程与管理,2011,3(4):12-126.

[114] 诸葛承祥,邵春福,李霞,等. 通勤者出行时间与出行方式选择行为研究[J]. 交通运输系统工程与信息,2012,12(02):126-131.

[115] Tringides C, Ye X, Pendyala R. Departure-time choice and mode choice for nonwork trips: alternative formulations of joint model systems[J]. Transportation Research Record Journal of the Transportation Research Board, 2004, 1898(1): 1-9.

[116] 安实,李静,崔建勋. 面向多智能体的出行前信息下通勤者出行行为研究[J]. 中国公路学报,2009,22(3):95-100.

[117] 章连标,张正时. 高铁与民航发展的辩证分析[J]. 交通与运输(学术版),2011,02:156-158.

[118] Clewlow R, Sussman J M, Balakrishnan H. The impact of high-speed rail and low-cost carriers on European air passenger traffic[J]. Transport Policy, 2014, 33: 136-143.

[119] Castillo-Manzano J I, Pozo-Barajas R, Trapero J R. Measuringsubstitution effects between High Speed Rail and air transport in Spain[J]. Journal of Transport Geography, 2015, (43): 59-65.

[120] 李晓伟,王炜,杨敏,等. 基于径向基和 Logistic 的民航运输与高铁竞争因素研究

[J]. 深圳大学学报(理工版),2016,33(06):653-660.

[121] 李雪岩,李雪梅,李学伟. 基于群体进化的高铁民航客运票价优化模型[J]. 系统工程,2015,33(05):135-141.

[122] Jiang X S, Zhang X, Lu W W, et al. Competition between High-Speed Rail and Airline Based on Game Theory[J]. Mathematical Problems in Engineering, 2017(3):1-9.

[123] Lijesen M, Behrens C. The spatial scope of airline competition[J]. Transportation Research Part E: Logistics and Transportation Review, 2017, 99:1-13.

[124] 朱桃杏,任建新,张雪雁. 基于 AHP 方法的高速铁路旅客出行特征和影响因素分析[J]. 石家庄铁道大学学报,2017,11(3):134-141.

[125] 贾新明,田澎. 顾客异质性对顾客满意度指数测评的影响[J]. 管理科学,2009,22(4):41-49.

[126] Adler N. Competition in a deregulated air transportation market[J]. European Journal of Operational Research, 2001, (09):337-345.

[127] Huang H J. Fares and tolls in a competitive system with transit and highway: the case with two groups of commuters[J]. Transportation Research Part E, 2000, 36(4):267-284.

[128] De Patina A, Lindsey R. Comparison of morning and evening commuters in the Vickrey bottleneck model[J]. Transportation Research Record, 2002, 1807: 26-33.

[129] Bhat C R. An endogenous segmentation mode choice model with an application to intercity travel[J]. Transportation Science, 2007, 31(1):34-48.

[130] Hess S, Daly A, Rohr C, et al. On the development of time period and mode choice models for use in large scale modelling forecasting systems[J]. Transportation Research Part A Policy & Practice, 2007, 41(9):802-826.

[131] Xu H L, Lou Y Y, Ym Y F, et a1. A prospect-based user equilibrium model with endogenous reference points and its application in congestion pricing[J]. Transportation Research Part B, 2011, 45(2): 311-328.

[132] 高自友,四兵峰. 市场经济条件下铁路旅客票价系统分析[M]. 北京:中国铁道出版社,2002.

[133] 林震,杨浩. 交通信息服务条件下的出行选择分析[J]. 中国公路学报,2003,16(1): 87-90.

[134] 杨励雅,邵春福,Haghani A. 出行方式与出发时间联合选择的分层 Logit 模型[J]. 交通运输工程学报,2012,12(02):76-83.

[135] 王孝之,赵胜川,闫祯祯. 基于 Rank Logit 模型对城际交通分担率的计算方法研究[J]. 交通运输系统工程与信息,2012,12(02):137-143.

[136] 王弋波,王谦. 基于旅客选择行为的客运专线客票差异定价策略[J]. 管理评论, 2013, (07):67-77.

[137] 王博彬,邵春福,孙轶轩,等. 多方式交通信息条件下节假日出行行为研究[J]. 交通运输系统工程与信息,2014,14(01):229-234.

[138] 芮海田,吴群琪. 高铁运输与民航运输选择下的中长距离出行决策行为[J]. 中国公路学报,2016,29(3):134-141.

[139] 李晓伟,王炜,杨敏,等. 多模式综合交通客运方式选择行为差异性——基于强制与休闲型活动出行的对比分析[J]. 西安建筑科技大学学报,2016,48(3):865-873.

[140] 李晓伟,王炜,杨敏,等. 中国民航与高铁竞争因素的敏感性分析研究[J]. 西安建筑科技大学学报(自然科学版),2017,49(03):388-394.

[141] Swait J. Choice set generation within the generalized extreme value family of discrete choice models[J]. Transportation Research Part B, 2001,35(8):643-666.

[142] Hensher D A. A practical approach to identifying the market potential for high speed rail: A case study in the Sydney-Canberra corridor[J]. Transportation Research Part A: Policy and Practice,1997,6(31):431-446.

[143] Ahern A A, Nigel T. The use of stated preference techniques to model modal choices on interurban trips in Ireland[J]. Transportation Research Part A-Policy and Practice, 2008,1(142):15-27.

[144] 袁长伟,吴群琪. 双核都市圈运输通道旅客分担率模型及应用[J]. 长安大学学报(自然科学版),2007,27(6):80-83.

[145] 贾洪飞,龚勃,文宗芳. 交通方式选择的非集计模型及其应用[J]. 吉林大学学报(工学版),2007,37(6):1289-1293.

[146] 曾鹦,李军,朱晖. 实时信息下的乘客路径选择行为[J]. 计算机应用,2013,13(33):2964-2968.

[147] 武斌. 高速铁路与民航运输的竞争研究[D]. 西南交通大学,2010.

[148] 钟牧原. 旅客出行对民航与高铁的选择行为分析——以沪昆高铁为例[J]. 空运商务,2018(7):36-37.

[149] 强丽霞. 基于客票数据的高速铁路旅客出行选择行为研究[J]. 铁道运输与经济, 2018,40(4):52-57.

[150] Zheng J Z, Liu J, Clarke D B. Ticket fare optimization for China's high-speed railway based on passenger choice behavior[J]. Discrete Dynamics in Nature & Society. 2017, 21 (2): 1-6.

[151] Tumay C K, Gulcin D, Hediye T Y. High-Speed Rail (HSR) users and travel charac-

teristics in Turkey[J]. Procedia Engineering,2017,187:212-221.

[152] Sun Y S, Jiang Z B, Gu J J, et al. Analyzing high speed rail passengers' train choices based on new online booking data in China[J]. Transportation Research Part C: Emerging Technologies,2018,97:96-113.

[153] Chang Y C. Factors affecting airport access mode choice for elderly air passengers[J]. Transportation Research: Part E. 2013,57:105-112.

[154] 林友芳,王琨琨,周超,等. 基于社交网络的民航旅客偏好建模[J]. 北京交通大学学报,2014,38(6):33-39.

[155] 贺怀清,李图波. 改进二部分图的民航旅客出行偏好模式的构建[J]. 计算机应用与软件,2015,32(2):81-84.

[156] Hagmann C,Semeijn J,Vellenga D B. Exploring the green image of airlines:Passenger perceptions and airline choice[J]. Journal of Air Transport Management,2015,43:37-45.

[157] 江红,周夕钰. 基于结构方程模型的民航旅客出行行为特征影响因素分析——以天津机场出港旅客为例[J]. 综合运输,2017,39(3):47-52,67.

[158] 谢泗薪,张洁. 高速铁路的发展对民航的冲击及反思[J]. 铁路采购与物流,2010,5(04):49-52.

[159] Chen Z. Impacts of high-speed rail on domestic air transportation in China[J]. Journal of Transport Geography,2017,62:184-196.

[160] 安然,刘献娜. 高铁与民航竞合关系分析[J]. 交通企业管理,2015,30(01):7-9.

[161] 毕晓青. 高铁时代:民航业如何与高铁共生共赢——以沪昆高铁为例[J]. 现代商业,2018(01):59-62.

[162] 漆春华,王一飞. 基于竞合博弈的我国空铁联运模式的研究[J]. 空运商务,2013(02):45-49.

[163] 聂建波. "空铁联运"发展模式构建[J]. 硅谷,2013,6(12):4-5.

[164] 张晓光,孙相军,崔姝. 我国空铁联运发展的对策建议[J]. 综合运输,2015,37(08):41-45.

[165] 王姣娥,胡浩. 中国高铁与民航的空间服务市场竞合分析与模拟[J]. 地理学报,2013,68(02):175-185.

[166] 王姣娥,焦敬娟,杜超,等. 中国高铁与航空运输的空间服务市场竞争分析——现在与未来(英文)[J]. Journal of Geographical Sciences,2015,25(09):1137-1152.

[167] 李春玲,何青梅. 高铁与民航—"瑜亮之争"?——从竞合角度分析高铁对民航的影响[J]. 交通企业管理,2011,26(10):14-16.

[168] 艾飞. 中国高速铁路发展对民用航空冲击影响分析[D]. 广州:中山大学,2012.

[169] 王永亮,王春风. 浅析高铁加速网络化背景下民航十三五发展趋势[J]. 空运商务,2016(03): 10-11.

[170] 彭峥,胡华清. 高速铁路对航空运输市场的影响分析[J]. 综合运输,2009(07): 70-75.

[171] 丁东阳. 浅谈高铁对民航市场的影响[J]. 空运商务,2009(24):16-18.

[172] 肖芸. 我国高速铁路和航空客运竞争优势分析[J]. 改革与战略,2011,27(05): 136-138.

[173] 张浩,杨露露. 民航应对高铁迅猛发展之对策[J]. 综合运输,2016,38(12):37-40.

[174] 郭春江. 高速铁路与民航客运量分担博弈模型研究[D]. 北京:北京交通大学,2010.

[175] Danapour M, Nickkar A, Jeihani M, et al. Competition between high-speed rail and air transport in Iran: The case of Tehran-Isfahan[J]. Case Studies on Transport Policy, 2018, https://doi. org/10. 1016/j. cstp. 2018. 05. 006.

[176] 章连标,张正时. 高铁与民航发展的辩证分析[J]. 交通与运输(学术版),2011(02):156-158.

[177] 郭莉. "高铁时代"对于民航的思考[J]. 科技资讯,2011(23):248.

[178] Frederic D. High-speed rail and air transport competition in Western Europe: A supply-oriented perspective[J]. Transport Policy, 2011, 18(6):870-879.

[179] Givoni M, Banister D. Airline and railway integration[J]. Transport Policy, 2006, 13(5):386-397.

[180] 康文生,黄伟宏. 民航华北局探索京沪航线与高铁竞合双赢新途径[J]. 空运商务,2011(12): 11-12.

[181] 鲁长安. 高速铁路与民航运输竞合关系分析研究[D]. 济南:山东大学,2015.

[182] Jiang C, D'Alfonso T, Wan Y. Air-rail cooperation: Partnership level, market structure and welfare implications[J]. Transportation Research Part B, 2017, 104: 461-482.

[183] Avenali A, Bracaglia V, D'Alfonso T, et al. Strategic formation and welfare effects of airline-high speed rail agreements[J]. Transportation Research Part B, 2018, 117: 393-411.

[184] Zhang F N, Graham D J, Wong M S C. Quantifying the substitutability and complementarity between high-speed rail and air transport[J]. Transportation Research Part A, 2018, 118: 191-215.

[185] Takebayashi M, Onishi M. Managing reliever gateway airports with high-speed rail network[J]. Transportation Research Part A, 2018, 118: 133-146.

[186] 秦灿灿,刘武君.上海机场与磁浮、铁路开展联运的设想[J].综合运输,2006(05):31-32.

[187] 李晓津,邢伟永,杨斌,等.我国空铁联运服务定价研究——基于旅客时间价值的实证分析[J].价格理论与实践,2016(07):75-78.

[188] 王永亮,王春凤.我国空铁联运存在的问题及发展对策[J].物流技术,2017,36(05):1-3,11.

[189] Javier G C, Pablo C M. Intermodal competition between high - speed rail and air transport in Spain[J]. Utilities Policy,2017,47:12-17.

[190] Ruiz-Rúa A., Palacín R.. Towards a liberalised European high speed railway sector: Analysis and modelling of competition using game theory[J]. European Transport Research Review, 2013, 5(1):53-63.

[191] Feng Y.,Li X.. Passenger share research of different transport modes based on the travel behavior analysis and agent theory[J]. Advances in Transportation Studies,2013,32(Special):9-22.

[192] Li X. Y.,Li X. M.,Li X. W., et al. Multi-agent fare optimization model of two modes problem and its analysis based on edge of chaos[J]. Physica A Statistical Mechanics & Its Applications,2017,469:405-419.

[193] Crevier B., Cordeau J. F., Savard G.. Integrated operations planning and revenue management for rail freight transportation[J]. Transportation Research Part B,2012,46(1):100-119.

[194] 菲利普·科特勒. 营销管理:分析、计划、执行和控制. 9 版[M]. 梅汝和译. 上海:上海人民出版社, Prentice - hall, 1999.

[195] 孟斌,钮尔轩,匡海波,等. 基于云模型的企业社会责任评价模型及应用[J].科研管理, 2018, 39(7): 139-150.

[196] 吴泽兵.高铁与民航运输经营博弈[D].兰州:兰州交通大学,2014.

[197] 董超.北京市居民出行方式选择研究[D].北京:北京交通大学,2017.

